Gottfried Zöpfl

**Das Kommerzienwesen in Franken**

und dessen Förderung im Hochstift Würzburg während der 1. Hälfte des 18. Jahrhunderts

Gottfried Zöpfl

**Das Kommerzienwesen in Franken**
*und dessen Förderung im Hochstift Würzburg während der 1. Hälfte des 18. Jahrhunderts*

ISBN/EAN: 9783743455269

Hergestellt in Europa, USA, Kanada, Australien, Japan

Cover: Foto ©ninafisch / pixelio.de

Manufactured and distributed by brebook publishing software (www.brebook.com)

Gottfried Zöpfl

**Das Kommerzienwesen in Franken**

# Das Kommerzienwesen in Franken

und

## dessen Förderung im Hochstift Würzburg

während der 1. Hälfte des 18. Jahrhunderts.

---

## Inauguraldissertation

zur

Erlangung der staatswissenschaftlichen Doctorwürde

der

hohen rechts- und staatswissenschaftlichen Fakultät

der

k. Julius-Maximilians-Universität Würzburg

vorgelegt von

### Gottfried Zöpfl,

Geschäftsführer des Vereins für Hebung der Fluß- und Kanalschiffahrt in Bayern.

---

Leipzig.

A. Deichert'sche Verlagsbuchhandlung Nachf.

(Georg Böhme.)

1893.

Die vorliegende Dissertation bildet einen Theil (das 2. Kapitel) einer größeren Arbeit über „Fränkische Handelspolitik im Zeitalter der Aufklärung".

Herrn

Hofrath Dr. Georg Schanz,

o. ö. Professor der Nationalökonomie zu Würzburg

in Dankbarkeit gewidmet

vom Verfasser.

# Das Kommerzienwesen in Franken und dessen Förderung im Hochstift Würzburg während der 1. Hälfte des 18. Jahrhunderts.

„Je weniger in voriger Zeit in Sachen des Kommerzienwesens geschehen, um so bedachtsamer jetzt darauf zu denken, erfordert die allgemeine Wohlfahrt."

Friedrich Karl v. Schönborn.

Das fränkische Land, das Maingebiet, welches das Objekt unserer Untersuchungen bildet, hat für den Handel und besonders für den Transitverkehr eine sehr günstige geographische Lage. Im Herzen von Deutschland zwischen den beiden deutschen Hauptströmen Rhein und Elbe gelegen, wird es vom Maine, der von Mainz bis in die Nähe Bambergs dem Verkehr dienstbar ist, durchflossen.

Allein die Krümmungen dieses Flusses, beziehungsweise die denselben zu Grunde liegenden Bodenverhältnisse begünstigten die starke politische Zersplitterung des Maingebietes, wie wir sie im alten Deutschen Reiche vorfinden, und die Zersplitterung des Handels in einer Reihe von kleineren Mainstädten; die geographischen Verhältnisse verhinderten die Bildung eines größeren geschlossenen fränkischen Staatswesens, sowie die Entwickelung einer großen fränkischen Handelsmetropole am mittleren oder oberen Maine.

Die an den südlichen Ausbiegungen des Mainflusses für den Flußumschlagsverkehr so günstig gelegenen kleinen Mainstädte — das hochstiftlich-würzburgische Kitzingen, das brandenburg-ansbachische Steft, das schwarzenbergische Breit, das wertheimische Wertheim, das kurmainzische Miltenberg — spielen in der fränkischen Handelsgeschichte neben Mainz, Frankfurt und Nürnberg die Hauptrolle.

Der Handel der meisten dieser kleinen Landstädte ist sicherlich schon sehr alt, sowie der Main eine der ältesten Handelsstraßen sein dürfte. Eine große Handelsstraße hat sicher zu jeder Zeit die Mainlinie geschnitten,¹) denn eine nord-südliche Handelsstraße in Deutschland mußte immer über den Main führen.²) Schon vor Karl dem Großen vermittelte Hallstadt bei Bamberg und Forchheim den Absatz Nürnbergs nach dem slavischen Nordosten und ebenso unanfechtbar ist das Alter der Städte Miltenberg und Kitzingen für den Verkehr vom Rhein her nach dem Süden und Südosten. Wir finden in Mainfranken deshalb auch schon sehr frühzeitig Messen und Märkte;³) die Handelsleute in Würzburg und Bamberg hatten schon frühzeitig ihre eigenen Gewohnheiten und Handelsrechte, wie dies aus einer Urkunde Heinrich IV. v. J. 1062 erhellt, durch welche den Handelsleuten in Fürth dieselben Handelsrechte wie sie Würzburg und Bamberg besitzen, gewährt werden. Auch die zahlreichen Mainzölle und die schon sehr früh stereotyp werdenden Klagen und Beschwerden über dieselben lassen auf einen ergiebigen Verkehr schließen.

Wie weit dieser Verkehr Eigen- und Zwischenhandel, ob er Speditionshandel oder nur Durchzugs- und Flußumschlagverkehr war, entzieht sich unserer Kenntnis. Sehr gewagt erscheint uns die Darstellung,⁴) nach welcher überhaupt erst um die Mitte des 18. Jahrhunderts eine wirkliche Handelsthätigkeit (Spedition und Eigenhandel) in dem Hochstift anfange.⁵) Dies ist wohl nur insofern richtig, als nach dem

1) Jäger: Geschichte des Frankenlandes. 1806.
2) Deshalb schon dürfte eine weitere, die ältere Zeit ins Auge fassende Bearbeitung der Handels- und Verkehrsgeschichte Mainfrankens sehr ergiebig sein.
3) Die Stadt Würzburg erhielt vom Bischof Mainhard mit Kaiser Konrads Genehmigung 1030 eine große Messe bewilligt und sicherte den Handelsleuten das Geleit zu (Fries, Chronik S. 465).
Nürnberg erhielt 1219 von Friedrich II. Handelsfreiheiten, weil es keinen Weinbau, kein schiffreiches Wasser habe und auf rauhem, unfruchtbarem Boden erbaut sei.
4) Nach der „Bavaria" gehörten zu den „ältesten" wirklichen Großhandelsgeschäften am Maine die Weinhandlungen von C. Busch, J. P. Alcinfeller, J. D. Sander in Kitzingen (1750), die Firma Will in Schweinfurt (1780), dann die Kolonialwarenhandlungen von G. Günther und J. L. Tretter in Marktbreit (1725), welche zuerst die direkten Bezüge von Holland und Triest organisiert haben sollen.
5) Dagegen schreibt Falke in seiner Geschichte des deutschen Handels über die beiden Städte Bamberg und Würzburg, daß Bamberg niemals zu großer, selbständiger Bedeutung im Transithandel gelangt, sondern immer auf Nürnberg angewiesen geblieben sei. Der Stadt hätte das reiche Hinterland gefehlt und der Gewerbefleiß, welcher jenes ersetzt hätte. Bamberg habe sich mit der Spedition auf dem Maine begnügt und mit dem Vertrieb der Naturprodukte. Würzburg dagegen habe schon eine hervorragende Stellung im deutschen Binnenhandel eingenommen. Es sei nahe genug bei Nürnberg gelegen, um von dessen Handelsströmung berührt zu werden, und doch zu ferne, um nicht auch von Süden her Straßen, die von Nürnbergs Stapelrechten unabhängig waren, in sich aufzunehmen.
Früher als Nürnberg trete Würzburg mit Handel und Gewerbe auf, und nur dadurch habe Nürnberg den Vorrang über Würzburg erlangt, daß eine Anzahl reicher Kauf- und Gewerbeleute infolge eines Streites mit dem Bischof nach

30 jährigen Kriege die ganze deutsche Kultur vielfach wieder von vorne anfangen mußte und weil speziell in Franken thatsächlich tabula rasa in volkswirtschaftlicher, insbesondere aber in kommerzieller Hinsicht war.[1]) Nach Bundschuh, dem viele heute mangelnde Quellen zu Gebote standen[2]), war vor dem 30 jährigen Krieg die Handlung am Maine in großer Blüthe, „wozu der Landfriede, die Einführung des Postwesens, die Nähe von Frankfurt und Nürnberg, die Wohlfeilheit der Wasserfracht vor der Landfracht und die Handelsstraße von Niederdeutschland nach Augsburg Vieles beitrugen."

Als ganz sicher glauben wir das hinstellen zu dürfen, daß der Wasserverkehr an sich, die Mainschiffahrt, z. B. der höchsten Handelsblüte der Städte Nürnberg, Augsburg ꝛc., zu der Zeit, als der große Welthandel von der Nordsee quer durch Deutschland nach Italien zog, also im eigentlichen Mittelalter, lange vor dem 30 jährigen Kriege, Jahrhunderte lang ganz kolossale Dimensionen erreichte.

An dieser Mainschiffahrt partizipierten nun die zahlreichen Mainstädte, je nach ihrer Lage, der Intelligenz ihrer Einwohner und den Zeitverhältnissen mit größerer oder geringerer eigener Handelsthätigkeit zu verschiedenen Zeiten verschieden.

So sind z. B. nach dem „Journal der Frankfurt–Nürnberger Geleitskutsche von 1548–1753" die Güter dieses Verkehrs im 16. und teilweise noch im 17. Jahrhundert von Nürnberg nach Bamberg gegangen (von Forchheim ab teilweise auf der Regnitz) und von hier nach Frankfurt. Als aber in Bamberg 1651 ein neuer Zoll auf die Frankfurter Meßgüter gelegt wurde und auch Mißstände bei den bambergischen privilegierten Meßschiffern hervortraten, so wurde die Bamberger Route verlassen und der Verkehr zog sich in den Jahren 1640–1660 von Nürnberg direkt über die Stadt Würzburg nach Frankfurt. Von dem Jahre 1670 an hat er sich wieder von Würzburg weggezogen und ist der Stadt Kitzingen zugekommen, welche sich mit Bamberg und Breit (später auch Steft) in diesen Verkehr teilte.

Nürnberg übergesiedelt seien. Gewiß sei, daß Würzburg schon sehr frühe alle Zünfte und Gewerbe gehabt habe und daß seine Thätigkeit, den Donau- und Rheinhandel zu verbinden und die Mainschiffahrt zu unterhalten, eine stets bedeutende gewesen sei. Wie weit aber diese Vermutungen Falles richtig sind, entzieht sich unserer Kenntnis.

1) Vergl. Büsch: Darstellung der Handlung III, 3 S. 215. Wie verödet gerade Franken nach dem dreißigjährigen Kriege war, dürfte aus folgenden Worten der Münsterschen Chronik zu ersehen sein:

„Aber daß auch dieses bey dem langwierigen Kriege Enderung zum Theil erfahren, davon können die berichten, so neulich durchs Land gereiset seyn, welche unter anderem sagen, daß sie teils Orten, nicht Menschen noch Viehe angetroffen haben." Näheres s. Plochmann „urkundliche Geschichte der Stadt Marktbreit".

2) Insbes. später eingestampfte städtische Archive.

Als die gefestigte territoriale Fürstengewalt des 18. Jahrhunderts in Franken sich die Aufgabe stellte, den uralten, natürlichen Verkehr wieder in Schwung zu bringen und sozusagen zu veredeln, nämlich einen wirklichen Eigen- und Speditionshandel am Maine zu erzeugen, stellten sich ihr in den während der Jahrhunderte „wohlerworbenen Gerechtsamen" des Geleits, des Stapels und des Zollwesens nahezu unüberwindliche Hindernisse entgegen. Wie ein Mehlthau lagen diese Zwangsrechte auf den natürlichen Ansätzen zur Handelsblüte in Franken. Die Handelspolitik des Aufklärungszeitalters mußte deshalb vor allem bei diesen Handelsgerechtsamen einsetzen, und die Darstellung des Geleitsrechtes, des Stapelrechts und des Zollwesens, sowie die darauf bezüglichen Aktionen wird demzufolge unsere vornehmste Aufgabe bilden.

Diese auf Förderung des Kommerzienwesens gerichtete Thätigkeit in Franken setzt am frühesten in dem kleinen brandenburg-ansbachischen Ort S t e f t ein, nämlich schon zu Beginn des 18. Jahrhunderts. Hier finden wir zuerst die positiven Regierungsmaßregeln, um mit Benützung der Mainschiffahrt einen Speditions- und Eigenhandel zur Blüte zu bringen. Steft wurde das Ferment für die ganze weitere Entwickelung. Nach der ansbachischen Regierung folgt die würzburgische unter Friedrich Carl von Schönborn, welcher Kitzingen zur Handelsstadt erheben will. Bald darauf beginnt auch Kurmainz mit der „Wiederaufnahme des Kommerzienwesens". Adam Friedrich und Franz Ludwig in Würzburg und Bamberg reihen sich mit ihrer zielbewußten Thätigkeit an und der preußische Staatsminister Hardenberg mit seinen weitgehenden Plänen beschließt die Entwickelung, soweit sie dem 18. Jahrhundert angehört. Aber diese Entwickelung kam nie mehr zum Stillstande, und das ganze 19. Jahrhundert hindurch dauerte unter den geänderten allgemeinen Verhältnissen die handelspolitische Agitation und Aktion in Mainfranken.

Der ansbachische Marktflecken Steft (heute Marktsteft genannt) dürfte sich, was Alter anlangt, kaum mit den übrigen kleinen Mainhandelstädten Kitzingen, Breit, Miltenberg und Wertheim messen können. Merian erwähnt in seiner: „Topographia Franconiae" des Ortes Steft nicht, während er bereits die Commercia und die Schiffahrt von Wertheim z. B. zu rühmen weiß und auch die Schiffbauer der Stadt Lohr auf einer Abbildung der Stadt hervorhebt. Auch auf einer Karte und einem Ortsverzeichnis des Jahres 1648 ist Steft noch nicht verzeichnet, scheint also im 17. Jahrhundert noch keine hervorragende Verkehrsbedeutung gehabt zu haben. Damals aber haben Ansiedelungen in Steft stattgefunden, welche dem für das ansbacher Territorium so günstig gelegenen Platze rasch eine andere größere Bedeutung verschaffen sollten.

Vermutlich kamen auch französische Kolonisten nach Steft. Schanz[1]) spricht diese Ansicht aus und bemerkt hierzu:

„In einem Schreiben Bouvards vom 30. Dezember 1702 an den Markgrafen wird einer Deklaration erwähnt: ‚qui porte, qu'Elle a la bonté d'accorder aux reformés qui voudront s'etablir dans un endroit de ses états nommé Stefft situé sur le Main commode pour le commerce le libre exercice de leur religion avec des privilèges avantageuses suivant la condition et l'industrie de chacun et qu'Elle les maintiendra en tout ce qu'il lui plaira leur accorder'."

Wenn man im Auge behält, daß die frühzeitige Regsamkeit Stefts für die ganze neuere Entwickelung der Handelspolitik und des Handels in Franken entscheidend wurde, so wird man diese Thatsache als einen weiteren Beleg für den eminenten Einfluß der französischen Emigration auf die Erhebung der deutschen agrarischen Volkswirtschaft zu den höheren Stufen der Industrie und des Handels ansehen müssen, man wird in der ansbachischen Enklave Steft die Brücke sehen zwischen der mittelfränkischen Industrie- und der mainfränkischen Handelsgeschichte.

Bald nach den Ansiedelungen in Steft sehen wir die ansbachische Regierung eifrig bemüht, diesen Ort zum Hafen- und Stapelplatz des ansbachischen Territoriums zu machen.

In einem Schreiben vom 29. November 1700 macht Ansbach an die würzburgische Regierung die Mitteilung, das die ansbachische Regierung eine eigene Schiffahrt zu Steft errichtet habe und daß sie gesonnen sei, damit „nach Holland auf- und abzufahren." [2]) Des weiteren verlangt der Markgraf für die Güter seiner eigenen Lebensbedürfnisse, welche er über Steft bezieht, Zollfreiheit, verspricht dagegen von allen übrigen Gütern die Zölle getreulich zu entrichten.

In den 1720er Jahren begann die ansbachische Regierung damit einen Seitenkanal vom Maine ausgraben (1729) und ein geräumiges Lagerhaus für die Güter der Mainschiffahrt erbauen zu lassen (vollendet 1740).

„Zur sicheren und richtigen Fortbringung der Güter" wurde gleichzeitig ein „landesherrschaftlicher Oberschiffmann" angestellt, welcher dafür zu sorgen hatte, daß die ankommenden Güter jederzeit ordentlich fortgebracht wurden, und daß es nie an Schiffern fehlte.

---

1) Georg Schanz: Zur Geschichte der Kolonisation und Industrie in Franken. 1884.

Nicolai bemerkt in seiner Reisebeschreibung, Steft sei seit dem Jahre 1730 durch den Markgrafen Friedrich Karl sehr emporgebracht worden, nachdem dieser Fürst den bereits in Steft eingewanderten Leuten verschiedene Freiheiten gewährt hatte.

2) Wie dies bei den Stapelverhältnissen am Rheine ohne Umschlag möglich war, ist uns nicht recht erfindlich.

Ferner wurde ein „ungeheurer Getreideschrann" in Steft errichtet (1750) und zwei Jahrmärkte wurden festgesetzt.¹)

In einer ansbachischen Verordnung vom 3. September 1727 ²) wird Steft mit der Zollfreiheit auf eine Reihe von Jahren begnabigt „als ein am Mainflusse wohlgelegener Flecken, welcher zur Erleichterung des Commercii, um alle Waren aus Holland den Rhein und Main herauf zu transportieren, allda im Lagerhaus sicher zu verwahren und durch Fuhrleute in wohlfeiler Fracht zur Achse nach Wien, München, Regensburg, Nürnberg und Augsburg verschicken zu können, mit allen notwendigen Einrichtungen versehen sei."

Nachdem durch diese energischen Bestrebungen der ansbachischen Regierung während der ersten Hälfte des 18. Jahrhunderts in Steft eine ganz neue Handelsstadt eingerichtet worden war, wurden die übrigen am Mainhandel interessierten Städte und Stände aus ihrem langen Schlafe gerüttelt und gleichfalls zu positiven Maßregeln angeregt.

Im Hochstift Würzburg faßte man schon in den 20er Jahren des 18. Jahrhunderts die Handelspolitik ins Auge, ohne, wie es scheint, über Pläne und Vorschläge hinauszukommen. Als die beiden Fürstbischöfe aus dem Schönbornschen Geschlechte, Joh. Philipp Franz (1715) und Friedrich Karl (1729) ihre Regierung antraten, verspürten sie bereits dringend die Notwendigkeit von Reformen auf volkswirtschaftlichem Gebiete. Es wurde eine Kommission für Vorschläge über bessere Verwaltung und Anregung der Betriebsamkeit niedergesetzt. Franz Ludwig von Fichtel entwarf eines der wichtigsten Gutachten für Friedrich Karl.³) Eine positive Thätigkeit speziell für den Handel, z. B. der Bau einer Niederlage, oder auch nur eine bemerkenswerte Verordnung tritt nicht hervor. Beachtenswert sind die Pläne, die man damals mit dem Stapelrechte hatte, und die Einforderung von Gutachten hierüber. Dieselben werden bei der Darstellung des Stapelrechts noch mitgeteilt werden. Erst gegen Ende seiner Regierung widmete sich Friedrich Karl anhaltend der Absicht, den Mainhandel zu beleben, den ansbachischen Handelsbestrebungen (in Steft) die Spitze zu bieten⁴) und Kitzingen zur Handelsstadt zu machen.

---

1) Ludovici: Kaufmännische Encyklopädie.
2) Real-Index der ansbachischen Landesverordnungen (Würzburger Universitätsbibliothek).
3) Die hier erwähnten Gutachten scheinen sich nicht speziell auf die Handelspolitik bezogen zu haben. Es soll über diese Verwaltungsreformen eine Schrift von Denzinger existieren, doch ist uns dieselbe nicht zugänglich gewesen. Überhaupt macht unsere Darstellung der Begrenzung des Themas entsprechend für die Zeit des 17. Jahrhunderts und die ersten Jahrzehnte des 18. Jahrhunderts keinen Anspruch auf Vollständigkeit.
4) Über die gleichen Bestrebungen in Marktbreit s. Plochmann.

Die wichtigste Rolle bei dieser erst den 1740er Jahren angehörenden Förderung des Kommerzienwesens im Hochstift Würzburg spielte das Geleitsrecht. Das Geleitsrecht in Verbindung mit dem Straßenzwang ist gewissermaßen das Stapelrecht des Transithandels gewesen.

Steft war etwas günstiger gelegen als der würzburgische Umschlagplatz Kitzingen, da Steft mit Breit und Ochsenfurt an der südlichsten Ausbiegung des Mainflusses lag, während Kitzingen etwas nördlicher gelegen war. Um diesen natürlichen Vorzug zu paralysieren, machte nun Würzburg sein Geleitsrecht geltend, welches den Zwang involvierte, die Handelsstraße von Nürnberg — Kitzingen — Würzburg — Frankfurt zu befahren. Aus einer ursprünglich zu Sicherheitszwecken eingerichteten Maßregel entwickelte sich eine Gerechtsame, durch welche die naturgemäße Entwickelung des Handels beeinflußt wurde.

Das Geleitsrecht des Hochstifts Würzburg bedarf zunächst einer eingehenden, zusammenhängenden Darstellung.

Die ganze Einrichtung war ursprünglich selbstverständlich eine durchaus wirtschaftliche und zweckdienliche, da sie die Sicherheit des bedeutenden Handels Nürnberg—Frankfurt garantierte. Allmählich waren die Straßen aber doch sicherer geworden als zu den Zeiten des Faustrechts oder auch des 17. Jahrhunderts, sonst würden die Handelsleute ja selbst das Geleite verlangt haben, und das Geleitsrecht war wie der „Geleitsschild" mehr eine Zeremonie geworden, und zwar für den Handel eine recht kostspielige. Für die Geleitsgüter wurde nämlich allenthalben erhöhter Zoll erhoben[1]) — Geleitszoll — und dadurch den Interessen des Fiskus gedient, während anderseits durch den Straßenzwang den Unterthanen, die am Wege wohnten, den Gastwirten, Bäckern, Metzgern, Hufschmieden, Wagnern u. s. w. große Vorteile zugewendet wurden.

Das Geleitsrecht war wie andere Regalien allmählich auf die verschiedenen Landesfürsten und Reichsstände übergegangen.[2])
Man unterschied das lebendige und das tote oder schriftliche Geleit. Ersteres war eine wirkliche „Vergeleitung", letzteres war ein Geleitszettel, für welchen die Geleitsgebühr gezahlt werden mußte. Für die Lösung des Geleits wurde eine ungehinderte Reise und Schadenersatz versprochen. Die Ausgabestellen für Geleitszettel waren durch ausgehängte Tafeln gekennzeichnet.[3]) Für eine handelspolitische Aktion

---

1) Richtiger gesagt, es wurde mit dem Zoll zusammen eine Geleitsgebühr erhoben.
2) Nach Quetsch schon im 14. Jahrhundert. Späterhin wurde in den Reichsabschieden des Geleits besonders gedacht und das Geleitsrecht stets förmlich auf die Landesfürsten übertragen. Über diesen staatsrechtlichen Gesichtspunkt hinsichtlich des „Kommerzienwesens" vielleicht noch Näheres an anderer Stelle.
3) Näheres über das Geleitsrecht im allgemeinen s. Ludovici a. a. O.

mußte das Geleitsrecht durch den damit — sei es rechtlich oder herkömmlich — verbundenen Straßenzwang bedeutsam werden.[1])

Für das Hochstift Würzburg und für Franken überhaupt waren die weitaus bedeutendsten Geleitsgerechtsamen die Geleitsrechte auf den Straßen Nürnberg—Frankfurt und Nürnberg—Leipzig. Diese Straßen waren — im 18. Jahrhundert wenigstens —, als der deutsche Binnenhandel im wesentlichen in den Messen von Frankfurt und Leipzig sich kondensiert hatte, wohl die bedeutendsten Straßen in Deutschland überhaupt und die bezüglichen Geleitsrechte wohl die einzigen in Deutschland von hervorragender Bedeutung, die noch zur Ausführung kamen.[2])

Auf den beiden Geleitsstraßen Nürnberg—Frankfurt und Nürnberg—Leipzig wurden seit alter Zeit und auch noch das 18. Jahrhundert hindurch die zu den Messen gehenden Kaufleute mit dem „lebendigen" fürstlichen Geleite begleitet.

Zunächst fand eine feierliche Abfahrt der Geleitskutsche von Nürnberg statt, wobei sich stets eine Nürnberger Rathsdeputation an den Thoren einfand.

Die Geleitskutschen nach Frankfurt und Nürnberg gingen nicht bloß in Nürnberg, sondern an jedem Orte ihrer Route zur genau bestimmten Zeit ab und wurden stets nebst ihrer Bedeckung im Namen des Landesherrn, durch dessen Gebiet sie fuhren, feierlich angenommen und bis an die Grenze begleitet.

Nur die Geleitskutschen und ihr Gefolge wurden zu Beginn der Meß- oder Geleitszeit mit dem „lebendigen fürstlichen" Geleite begleitet, während der Geleitszeit selbst hatten die Kaufleute ihre Geleitszeichen zu lösen.

Zuerst wurde sowohl das Frankfurter wie das Leipziger „Geleit",

welcher auch über das kurmainzische und hessen-darmstädtische Geleit nach Frankfurt Mitteilungen macht und die kurfürstliche sächsische Geleitsordnung oder Geleitsrolle für Leipzig v. J. 1691 wiedergibt. Daß das „Geleit" in anderen Gegenden auch eine andere Bedeutung haben konnte als die von uns ins Auge gefaßte, aber immer den Sicherheitszweck verfolgte, beweist die Schilderung Ludovicis über das Regensburger „Geleit" bei den Jahrmärkten zu St. Georgen und St. Michaeli: Bei diesem „Geleit" ging der hohe Adel die Brücke auf und ab, um diese von allem Gesindel sicher zu halten, wobei der Scherge mit einem Wagen hinten nachfuhr. — Einige weitere Details über das Geleitsrecht enthalten Roths Geschichte des Nürnberger Handels (1802) sowie Quetsch a. a. O. Bemerkenswert ist, daß das Vermögen der Nürnberger Handelskammer (ca. 1 Mill. M.) zum großen Teile aus dem Beständen der alten „Geleitskasse" herrührt.

1) Es gab auch einen Straßenzwang ohne Beziehung zu dem Geleitsrecht, sondern in Verbindung mit bedeutenden anderen Handelsgerechtigkeiten z. B. dem Stapelrecht und dem Zollwesen besonders zur Zeit der Verschärfung der Grenzzollpolitik durch die Mauthsysteme.

2) Ludovici a. a. O. und Ulmenstein: Pragmatische Geschichte des deutschen Zollwesens.

wie man kurzweg zu sagen pflegte, durch den Markgrafen von Ansbach (b. h. von seinen Geleitshauptleuten) an den Thoren von Nürnberg „vermöge seines Territorialrechtes" in Empfang genommen. Dabei kam es bereits zu Protestationen und Reprotestationen, indem der ansbachische Geleitsbeamte gegen alle Neuerungen bezüglich des Geleitsrechtes protestierte, worauf der nürnbergische Geleitsaktuar reprotestierte, um die Nürnberger Rechte zu salvieren.[1]) Für die Engherzigkeit, mit welcher bei der Wahrung der Geleitsgerechtsamen verfahren wurde, ist bezeichnend, daß auch darüber zwischen Nürnberg und Ansbach Streit entstand, ob der brandenburgische Geleitsmann mit dem halben Pferde oder nur mit den vorderen Füßen desselben auf der Schlagbrücke zu stehen habe.

Das Nürnberg—Frankfurter Geleit[2]) wurde in Nürnberg am neuen Thor von den ansbachischen Geleitsoffizieren übernommen, welche tags zuvor in der Stadt eintrafen und die Stadtschank und den Schenkwein von der Stadt erhielten. Die weiteren Geleitsherren, welche das wirkliche fürstliche Geleit leisteten, waren das Hochstift Würzburg[3]) und Kurmainz.

---

1) „Man erzählt," schreibt Nicolai (a. a. O.) „daß ehemals der brandenburgische Geleitshauptmann die Rede an die nürnbergische Deputation jederzeit folgendergestalt angefangen habe:
„Er. Durchlaucht der Markgraf von Brandenburg
Burggraf von Nürnberg, Euer und mein Herr""
da denn die Nürnberger bei den Worten „Euer" in die Rede gefallen und gesagt hätten: „Mit nichten." Daher kommt das Sprichwort: ‚Mit Nichten, sagen die Herren von Nürnberg.' Man hat mich versichert, daß jetzt diese Ausdrücke nicht gebraucht würden. Indessen geschehen, wenn das Geleit abgeht und wieder zurückkommt, von beiden Seiten sehr weitläufige Pro- und Reprotestationes, welche damit endigen, daß die Herren von Nürnberg der Ausübung der Geleitsgerechtsamkeit nichts in den Weg legen, sondern vielmehr die brandenburgischen Geleitshauptleute mit sich nach Nürnberg nehmen, ihnen einen derben Schmaus anrichten und ihnen beim Abschied noch eine Anzahl Flaschen Wein verehren. Hierbei fallen keine Pro- und Reprotestationes vor und ich wünsche von Herzen, daß alle Streitigkeiten der Nachbarn, besonders der Mindermächtigen mit den Mächtigern, auf diese Art könnten bei einem Glase Wein vergessen werden."

2) Es wäre sicherlich eine dankbare Aufgabe, die Geschichte der beiden Handelsstraßen Nürnberg—Frankfurt und Nürnberg-Leipzig die verschiedenen Jahrhunderte hindurch in Monographien darzustellen. Gleiches gilt natürlich auch für die übrigen großen deutschen Handelsstraßen. Erst wenn wir die Geschichte der deutschen Verkehrsstraßen haben, besitzen wir eine exakte Grundlage für eine deutsche Kulturgeschichte, für eine Geschichte der Sitten und Eigenheiten der einzelnen Gegenden, da dies alles durch den vielleicht Jahrhunderte lang fortgesetzten Verkehr mit bestimmten anderen Stämmen und Völkern bedingt ist.

3) Die Anrufung des Geleits erfolgte brieflich in festen Formen. Als Beispiel diene folgendes Schreiben:
Nürnberg. Datum d. 27. Februarii 1760.
Euer Hochfürstlichen Gnaden seyd unsere unterthänigst willigste Dienste bestes Fleißes zuvor, bereit.

Die beiden markgräflich-brandenburgischen Häuser Kulm und Onolzbach waren berechtigt und hatten „in ruhiger Possession hergebracht" von Nürnberg ab bis an die Kitzinger Markung zu geleiten.¹) Der ansbachische Geleitshauptmann mit dem aus dem Ansbacher und Baireuther Adel entnommenen 30 Geleitsführern brachte die Geleitskutsche zunächst bis an das Thor von Markt-Bibart, einer Würzburger Enklave. Bei der Ankunft des Geleits hatte der dortige hochfürstlich-würzburgische Gegenschreiber sich „mit bewährter Mannschaft" jedesmal am Thore einzufinden und zu protestieren, damit der markgräfliche Geleitsbeamte seinen Geleitsschild vordecke, was auch beim Einreiten in und durch das Dorf zu geschehen hatte. Außer dem Thore von Marktbibart wurde die Geleitskutsche wieder in onolzbachischem Gebiete weitergeführt an Iphofen vorbei nach Mainbernheim, bis an die dortige Geleitsgrenze. An dieser Grenzscheidung endigte das brandenburgische Geleitsrecht. Weiterhin wurde an der Mainbernheimer Geleitsgrenze die Geleitskutsche durch den Kitzinger Zentgrafen als Geleitshauptmann zu Kitzingen nebst 12—15 bewährten Bürgern eingeholt und nach gegeneinander abgelegten „pro et reprotestationes" ins kitzingische Geleit übernommen und in die Stadt Kitzingen geführt, woselbst das Geleit zu übernachten hatte. Am andern Morgen wurde die Geleitskutsche von Kitzingen bis an den Gießhügel bei Würzburg gebracht, woselbst der Würzburger Geleitshauptmann nach vorheriger kurzer Anrede zur weiteren Vergeleitung die Kutsche übernahm und bis an den Grenzort fortführt.

Gnädigster Herr!

Nachdem etliche unserer Burgere, Kauf- und Handelsleute Vorhaben seynd, die herbeynahende Frankfurter Fastenmesse mit ihrer Hab und Kaufmannschaft zu besuchen, und den acht und zwanzigsten Martii nächstkünftig geliebt es Gott! von Nürnberg zu reisen; als gelanget an Euer Hochfürstlichen Gnaden unsere unterthänigstes Ansuchen, Sie geruhen ohnbeschwerd, die gnädigste Verordnung ergehen zu lassen, daß gemeldte unsere Burgere, Kauf- und Handelsleute, samt ihrer Haab und Kaufmannschaft, und denen Ihrigen in berührter Frankfurter-Fasten-Meß und wieder daraus, durch Euer Hochfürstlichen Gnaden Hochstift, Herrschaft und Gebiet mit Geleit und Sicherheit der Nothdurft nach versehen, und den Geleits-Beamten solches mißlich gemachet werden möge Gestalten zu Euer Hochfürstlichen Gnaden wir hier immer das unterthänigste Vertrauen tragen, anbey dero gnädigsten schriftlichen Resolution in Antwort durch diesen zu diesem Ende abgeschickten eigenen Botten versichert zu werden verhoffen es auch der Gebühr nach zu verdienen, erbietig verbleiben, Euer Hochfürstlichen Gnaden damit des Allmächtigen Obschirmung zu allen Höchstgeeigneten Hochfürstlichen Wohlstand getreulichst zu Dero beharrlichen gnädigsten Affektion aber uns unterthänigst empfehlende;

Euer Hochfürstlichen Gnade!

unterthänigster Bürgermeister und Rath der Stadt Nürnberg.

1) Laut eines Übereinkommens vom Jahre 1582. Diese Geleitsgerechtsame hatte früher dem Herrn von Limpurg gehört und wurde von demselben für 5500 fl. an den Markgrafen von Brandenburg verkauft.

Würzburg nämlich war berechtigt, von der Kitzinger Markung durch Kitzingen hindurch bis an die Gegend des Gießhügel (bei Würzburg) zu vergeleiten. Dies war das Kitzinger Geleitsrecht, mit welchem Würzburg von der Stadt Kitzingen belehnt war. Sodann war Würzburg selbst berechtigt, von Gießhügel durch die Stadt Würzburg[1]) zu geleiten (wo das Geleit Mittag zu halten hatte) bis an das sogenannte „Kalte Loch",[2]) wo das Geleit an Kurmainz übergeben wurde. Nach der Übernahme der Geleitskutsche durch Kurmainz wurde dieselbe über Bischofsheim und Miltenberg durch das Mainthal nach Frankfurt geführt. Dies scheint wenigstens für die Geleitskutsche selbst der herkömmliche Weg in der von uns ins Auge gefaßten Zeit der zweiten Hälfte des 18. Jahrhunderts gewesen zu sein, wenn auch der Meßverkehr selbst vielfach andere Wege, z. B. durch den Spessart über Lengfurt — Rohrbrunn — Bessenbach einschlug. Der Zustand der Straßen scheint für die jeweilige Auswahl derselben auch bestimmend gewesen zu sein.[3]) Wieweit die Handelspolitik auf die Wahl dieser Straßen Einfluß hatte, werden wir späterhin noch ausführlich darstellen.

Das Geleite zog bis vor die Reichsstadt Frankfurt, wo die Geleitsreiter dieser Stadt demselben entgegenritten und es mit hergebrachten Feierlichkeiten übernahmen.[4])

1) Nebenbei sei hier bemerkt, daß der Stadt-Würzburger Geleitszoll seit 1755 von der Mainbrücke an das Zeller- und St. Burkarder Thor verlegt wurde. Und zwar wurde der Geleitszoll hier in der Weise erhoben, daß alle fremden zu und von der Frankfurter Oster- und Herbstmesse gehenden, reitenden und fahrenden Kaufleute von ihrer Person, dann die fremden Kutscher von ihrem Geschirr (gleichviel ob sie fremde oder hochstiftliche Kaufleute fuhren) und ebenso die Fuhrleute für ihre Güterwagen den Geleitszoll bezahlen mußten. Dagegen wurde der Geleitszoll nicht von den Gütern erhoben, sondern nur von des Fuhrmannes Wagen und Pferden. Die hochstiftlichen Kaufleute uub Fuhrleute, wenn letztere auch fremde Kaufleute fuhren, waren von dem Geleitszoll frei. Die Höhe des Geleitszolles war durch die gedruckten Geleitszeichen und durch die Geleitsrechnungen bestimmt.

2) Das „Kalte Loch" war nach einer Bemerkung in einem Hofkammerprotokoll ein Platz im Guttenberger Revier (Amt Heidingsfeld).

3) Demgemäß hatte Kurmainz auch mehrere Ausgabestellen für seine Geleitszettel eingerichtet: Miltenberg, Rohrbrunn, Stockstadt. Die Würzburger Geleitszettel mußten in Kitzingen, die markgräflichen in Nürnberg gelöst werden. Über die Veränderungen, welche bei der Wahl der Geleitsstraßen mit unterliefen f. auch oben den Auszug aus dem Journal der Geleitskutsche Seite 43.

4) Die bei der Übergabe des Geleits regelmäßig gewechselten Anreden hatten folgenden Wortlaut:

„Im Namen seiner Kurfürstlichen Gnaden zu Mainz. des hl. Stuhls zu Mainz Erzbischof des H. R. R. durch Germanien Erzkanzler und Kurfürst, und eines Hochwürdigen gnädigen Domkapitels zu Mainz übertrage ich hiemit das Frankfurter Meßgeleit, jedoch dergestalten, daß nicht Neues eingeführt und die alte Observanz und Gewohnheit beibehalten werden soll."

Die Einführung, oder wie man der ganzen Schaustellung[1] gegenüber zu sagen pflegte, die „Aufführung" des Geleits in Frankfurt selbst erfolgte stets Mittwochs vor Anfang der Ostermesse und Donnerstags vor Beginnn der Maria-Geburts- oder Herbstmesse.

Dabei ritten vier Herren des Rates und der Amtmann nebst der bürgerlichen Reiterei, aus „wohl montierten, stets blau bekleideten Bürgern zu Pferd" bestehend, unter Lösung dreier Kanonen an der unter dem Thore in Gewehr stehenden Soldatenwache vorbei in die Stadt hinein, bis in den Nürnberger Hof, woselbst dann weitere Festlichkeiten stattfanden.

Auf der Rückfahrt des Geleits war der „modus conducendi" ganz der gleiche. In der dritten Meßwoche wurde das Geleite wieder feierlich aus Frankfurt hinausgeführt. Die Geleitskutsche wurde vor der Rückfahrt in Frankfurt durch Herausnahme des Gestells in einen Güterwagen verwandelt, und nur auf diesem Wagen durfte das erste Meßgut wieder ausgeführt werden. Die Geleitszeit dauerte im ganzen 8 Wochen, nämlich von oben herab zur Messe 4 und von unten herauf gleichfalls 4 Wochen.

Zur thatsächlichen Sicherung der einzelnen zu oder von der Frankfurter Messe kommenden Handelsleute waren die Geleitsreiter durch die Geleitsherren aufgestellt, welche die ganze Geleitszeit hindurch die Straßen fortwährend fleißig zu bereiten und sicher zu machen hatten.[2] Aus einer „Instruktion an die Kreisdragoner und hochfürstlichen Gardereiter über Arretierung und Behandlung der Fuhrleute, welche frivoler Weise nach Steft fahren," ergibt sich, daß diese Garde aus einer Husarenabteilung bestand, die einen eigenen Geleitshauptmann und Geleitsobristen hatte.

---

Hierauf antwortete z. B. der Amtskeller von Hofheim oder Höchst:
„Im Namen Sr. Kurfürstl. Gnaden in Mainz ꝛc. und eines hochwürdigen gnädigen Domkapitels zu Mains acceptiere ich das Geleit, jedoch dergestalten, daß nichts Neues angefangen und das alte Herkommen fortgeführt werden soll."

1) In der Herbstmesse wurde auch das bekannte Pfeifergericht in Frankfurt aufgeführt.

2) Diese Schilderung des Geleitsrechtes verdanken wir zum größten Teil einem Auszug aus einem Gebrechenamtsprotokolls-Auszug. Von besonderem Wert für eine Darstellung des Nürnberger-Frankfurter Geleites ist das Buch „Species facti über den Geleitsprozeß zwischen Kurmainz und Würzburg 1761." (Der volle Titel ist viel länger, s. u.). Dieses Buch entwickelt eine Geschichte des Würzburger-Nürnberger Geleits und gibt reiches Material für die rechtliche Beurteilung; die Urkunden über das nürnberg-würzburgische Geleitsrecht, welche dieser Denkschrift beigedruckt sind, gehen zurück bis auf das Jahr 1564. Ein so wichtiges Recht bildete naturgemäß auch früher schon eine Quelle von Streitigkeiten bei den zersplitterten politischen Verhältnissen, und das Geleitsrecht wurde

Das Geleitsrecht auf der Nürnberg—Leipziger Handelsstraße für die Leipziger Jubilate- und Michaeli-Messe wurde durch den Markgrafen von Brandenburg, die Fürstbischöfe von Bamberg und Würzburg, dann durch die Herzöge von Koburg und Altenburg ausgeübt, welche auch der Geleitskutsche das wirkliche fürstliche Geleit zu leisten hatten. Dieses Geleit ging nicht bis in die Stadt Leipzig, sondern nur bis an die kursächsische Grenze. Bis Lösle ritten auch 3 nürnbergische Geleitsreiter mit, wie auch das Frankfurter Geleit eine Strecke weit von den Nürnberger Geleitsreitern begleitet wurde.

Die Geleitskutsche wurde zu Nürnberg am Tiergärtner Thor von dem markgräflich brandenburgischen Geleit übernommen; unterhalb Baiersdorf, an dem sogenannten Kreuzbache wurde dieselbe von den bambergischen Geleitsbeamten aus der Festung Forchheim erwartet. Dann folgte beim Maine unweit Gützbach die Itzgeleitsstraße und von hier waren Würzburg und Koburg Geleits- und Territorialherren. Die Geleitsgrenzsteine für diese beiden Territorien waren auf dem Wege von Kaltenbronn nach Gleußen. Das Geleit zwischen Würzburg und Koburg war geregelt durch einen Rezeß vom Jahre 1549. Die Würzburger Regierung erließ jedesmal zur Meßzeit ein Reskript an den Zöllner zu Hilkersdorf, daß er des Geleits walte. Derselbe übernahm das Geleite zu Gützbach von Bamberg und führte

---

nicht immer in der oben geschilderten herkömmlichen Beschaffenheit ausgeübt. So hatte z. B. zu Beginn des 16. Jahrhunderts Brandenburg das Geleit von Kitzingen und Würzburg ab und durch den Taubergrund geführt und erst im Jahre 1520 kam ein Vergleich zwischen Würzburg und Brandenburg zu stande, demzufolge die Markgrafen, während zweier Messen das Geleit durch den Taubergrund führen durften, bei jeder dritten Messe jedoch die Würzburger Geleitsstraße einhalten mußten. In einem Brief des Kurfürsten Joh. Philipp von Würzburg (und Mainz) vom 6. September 1661 an einen Zollbeamten zu Würzburg wird erwähnt, daß die Kaufleute immer mehr von der ordinären Geleitsstraße Würzburg—Bischofsheim abweichen und auf Nebenwege gehen, namentlich nach Lengfurt, hier über den Main und durch den Spessart nach Frankfurt. Der Fürst ordnete größte Strenge gegen die Unregelmäßigkeiten an. Im Jahre 1667 entschuldigte sich die Stadt Nürnberg bei der Würzburger Regierung, weil die Nürnberger infolge der zu Würzburg herrschenden Pest die Stadt Würzburg während der Geleitszeit umgangen hätten und fügten die Versicherung bei, sie würden künftig wieder „dem Recht und der Gewohnheit gemäß" handeln. —

Der juristische Inhalt der erwähnten „Species facti" kommt auf die Frage hinaus, ob Würzburg nur ein Geleitsrecht hatte für den Nürnberg—Frankfurter Güterverkehr oder ein Straßenzwangsrecht. Anlaß zu diesem vor dem Reichskammergericht anhängigen Prozeß zwischen Würzburg und Mainz (1770er Jahre!) war die Thatsache, daß Nürnberger Kaufleute immer häufiger auf der Landstraße Aub—Simeringen—Bischofsheim direkt nach Frankfurt zogen, was von Kurmainz begünstigt wurde. (Näheres hierüber an Ort und Stelle!)

dasselbe bis an die koburgische Grenze, wo es von Koburg feierlich übernommen und fortgeführt wurde.¹)

Von der koburgischen Grenze ab²) kam es dann wieder zu einer Reihe von Protestationen mit anderen Territorialherrschaften, besonders zwischen Koburg-Saalfeld und Koburg-Meiningen.

Diese Protestationen und Reprotestationen fanden insbesondere an der sog. „gebrannten Brücke" statt, der Grenze zwischen den Ämtern Koburg und Neustadt, dann auf dem sogenannten Sattelplatze. Auf der Rückfahrt des Geleits wurden wiederum auf dem Sattelplatze die Protestationen angefangen, an der gebrannten Brücke fortgesetzt und zu Veßlau an der koburgischen Grenze beschlossen.³) Während der Meßzeit selbst trat auch auf dieser Geleitsstraße an Stelle des lebendigen Geleits die Lösung der Geleitszeichen durch die Kaufleute und zwar erfolgte dieselbe für das markgräfliche Geleit in Nürnberg, für das würzburgische in dem Dorfe „am Zoll" (Hilfersdorf), für das koburgische in Koburg.

Von den übrigen fränkischen Geleitsgerechtsamen⁴) seien hier nur noch die ansbachischen erwähnt, weil dieselben besonders zahlreich sind und einen Begriff davon geben, wieviele kleinere unbedeutendere Geleitsgerechtsamen neben den großen und in der Handelspolitik hervortreten-

---

1) Diese Darstellung fand sich in einem Straßenbaukommissionsprotokoll der würzburgischen Regierung.

2) Topographie des Herzogl. Sachsen-Koburg-Meiningischen Anteils an dem Herzogtum Koburg von Obristleutnant Sprengseysen 1781, s. auch Sachsen Koburg-Saalfeldische Landesgeschichte von Joh. Ad. Schultes. Koburg 1818, bes. VII. 3 S. 131.

3) Daß auch dieses Geleitsrecht bis auf die Örtlichkeiten ein altherkömmliches war, ergibt sich aus folgenden Worten Merians:

„Das erste Dorf im Koburgischen von Nürnberg aus, und zwischen diesem und Kaltenborn(so ein kleines denen von Rotenhahn zuständiges Dörflein zwischen Lahn und Gleußen gelegen) ist mitten in der Straße ein Fähnlein zu sehen, welches die Grenzscheide zwischen Sachsen-Koburg und Würzburg anzeigt, bei welchem allezeit das nürnbergische Geleit auf Leipziger Meßreisende vom koburgischen Geleitsmann angenommen wird."

4) Auch das Hochstift Würzburg scheint noch andere Geleitsbefugnisse als die für die Leipziger und Frankfurter Messe gehabt zu haben. So wird in den Akten des Jahres 1755 erwähnt, daß die bisher auf der Leipziger Straße zum naumburgischen Petri und Paulimarkt am 19. Juni abgehende Geleitskutsche in diesem Jahre das würzburgische Geleit wegen Mangel an Meßbesuchern nicht erbitten können. Es wird hierauf noch ein eigner Vertrag darüber abgeschlossen, daß das Würzburger Geleitsrecht durch diesen einzelnen Fall nicht tangiert wird. Auch hatte Würzburg das Geleitsrecht auf dem Maine. Das von Bamberg regelmäßig zur Ostermesse nach Frankfurt abgehende geschmückte Geleitsschiff wurde von Würzburg, und zwar von Zeil ab geleitet.

den innerhalb der deutschen Territorialwelt des vorigen Jahrhunderts bestehen konnten.

Das Haus Brandenburg-Onolzbach hatte 31 Geleitsrechte auf den Straßen seines Territoriums[1]) und außerhalb desselben. In Aub war ein eigner ansbachischer Geleitsbeamter, welcher in dem vor dem unteren Thore daselbst befindlichen fürstlich-brandenburgischen Geleitshaus wohnte. An diesem Hause war eine Tafel mit folgender Aufschrift angebracht: „Allhier suchet und giebt man das Kaiserliche Geleit dem Kur- und hochfürstlichen Haus Brandenburg zuständig." Das Geleitsrecht zu Aub erstreckte sich nach einer Beschreibung im Jahre 1739 „von Aub an bis zu dem Stein, wo beide Herrschaften Brandenburg und Würzburg die Geleitsgerechtigkeit mit einander durch das deutschordische, eine Stunde von Aub entlegene Dorf Gelchsheim haben; von da bis an einen 1200 Gerten weit zwischen Gelchsheim und Lindach stehenden mit beider Herrschaft Wappen bezeichneten Stein. Von diesem Stein an hat Brandenburg allein weiter zu geleiten, bis zu dem sog. Knäbleinskreuz ungefähr 1/2 Meile Wegs über den Weiler Simringen hinaus, woselbst wieder zwei Steine nahe an einander stehen mit dem eingehauenen brandenburgischen und würzburgischen Wappen."

In Fürth war ein eigenes brandenburgisches Geleitsamt, welches vorzüglich darauf zu sehen hatte, „daß von den die Frankfurter, Leipziger, Naumburger und Nördlinger Messen besuchenden Kaufleuten bei ihrer Durchreise sowohl für ihre Personen als Güter, das Gleit jedesmalen gelöst und entrichtet werde." Auch in Mergentheim, der deutschordischen Residenzstadt war ein hochfürstlich brandenburg-onolzbachisches Geleitsamt, „dessen Geleitsgerechtsamen von Mergentheim bis nach St. Jobst, Königshofen, dem Knaben-Kreuz, gegen Simringen, gegen Aub, zu der Roten Bruck bei Ochsenfurt, gegen Uffenheim, Windsheim, Rothenburg, zu der Zwergbruck bei Dinkelsbühl, gegen Krailsheim, Steinbuch, zu dem Kocherstein am Kocher, ingleichen bis an die Steinbrücke bei Neunkirchen sich erstreckt".

Aus der vorstehenden, zusammenhängenden Darstellung des Geleitsrechtes in Franken ergibt sich, daß dasselbe im Hinblick auf den mit

---

1) Es waren dies „die Geleitsgerechtsamen zu Aub, Biebereren, Burgthann, und Oberherriden, Kadolzburg, Krailsheim, Kreglingen, Dinkelsbühl, Eichstädt, Einersheim, Farrenbach, Feuchtwang, Fürth, Gerobronn, Gunzenhausen, Hammdorff, Hochheim oder Wille und Rosenberg, Ickelheim, Kitzingen, Langenfeld, Mainbernheim, Mergentheim, Neunkirchen, Nürnberg, Ober-Robbach, Ochsenfurt, Plofelden, Roth, Schwabach, Uffenheim, Weißenburg, Windsheim" (Real-Index der brandenburg-onolzbachischen Landesverordnungen in dem reichhaltigen Kapitel „Geleit". Hier finden sich auch Mitteilungen über die Geschichte der Gerechtsamen, über deren örtliche Begrenzung, wobei oft bestimmte Bäume, Steine und Brücken eine historische Rolle spielen.)

dem Geleitsrecht eng verwandten Straßenzwang das „objectum primarium" der würzburgischen Handelspolitik werden mußte, als die hochstiftliche Regierung unter Friedrich Karl sich zur energischen Förderung des Kommerzienwesens entschloß und zur Bekämpfung der brandenburgischen Bemühungen, durch die Kolonisation und Einrichtung der Enklave Steft den Mainhandel heranzuziehen.

Friedrich Karl hatte schon im Jahre 1737 einen Vertrag zwischen Würzburg und Ansbach zu stande gebracht, demgemäß als Geleitsstraße nicht mehr wie früher die Straße von Nürnberg über Uffenheim und Aub, sondern die über Kitzingen bestimmt wurde.[1]) Der weitere Schritt, den Friedrich Karl unternahm, war der, daß er das Geleitsrecht und damit den Straßenzwang auf alle Güter ausdehnte, um dadurch Kitzingen mit Gewalt als Handelsstadt emporzubringen. Dieser erste Vertrag richtete seine Spitze nicht sowohl gegen Brandenburg-Ansbach, als gegen die westlichen Stände, insbesondere gegen Kurmainz. Ansbach hatte an der ersten südlichen Ausbiegung des Maines seine Stadt Steft zur Handelsblüte emporgebracht und konnte allmählich daran gehen, den Verkehr des Territoriums aus der westlichen Richtung nach Norden zu lenken; Mainz rührte sich nicht, sei es, daß der in Mainz sehr einflußreiche Friedrich Karl dies erzielte, sei es, daß man die Bedeutung der Maßnahmen nicht erkannte. Ansbach und Würzburg suchten bei diesem Vertrage beide ihre Rechnung zu finden, bald aber entzweiten sie sich über die Frage, wer den Löwenanteil an dem Nürnberg-Frankfurter Handel bekommen sollte.

Die Ausübung des Geleitsrechtes seitens des Hochstiftes Würzburg stieß nämlich alsbald auf Hindernisse, da Brandenburg, das bei dem 1737er Vertrage auch nicht leer ausgehen wollte, die Ablenkung des Handels von Kitzingen nach Steft in jeder Weise begünstigte. Das Würzburger Zwangsrecht wurde nicht respektiert und bereits 1742 finden wir zur Beilegung von Streitigkeiten über die Ausübung des Geleitsrechtes und die Erhebung des Geleitszolles wieder einen Vertrag zwischen Würzburg und Brandenburg, in welchem es unter anderem heißt, daß seit Jahren wegen der Geleitsstraße bei Kitzingen zwischen den beiden Fürstentümern Würzburg und Onolzbach Streit und Irrungen vor-

---

1) In dem Real-Index der ansbachischen Landesverordnungen heißt es bei der Beschreibung des Geleits zu Aub: „Die beiden Frankfurter Jahresmessen beschäftigen diesen Posten ganz besonders. Nach 1737 wurde durch den zwischen den beiden hochfürstlichen Häusern Würzburg und Ansbach errichteten Vergleich auch hierin einige Abänderung vorgenommen, und die Geleitsstraße nicht mehr wie ehedin, von Nürnberg über Uffenheim und Aub, sondern über Neustadt, Mainbernheim und Kitzingen 2c. bestimmt, daher benn diese Geleits-Stätte seitdem nicht mehr so stark als vorher frequentiert wird."

gefallen seien. Es sollen Bestimmungen festgesetzt werden über die Geleitsstraße und über die Geleitsgrenze, dann sollen auch auf Antrag Würzburgs, „die bei Annehmung und Übergebung des Geleits vorgekommenen Pro- und Reprotestationes künftig gänzlich unterbleiben." Nachdem aber Ansbach über die Geleitssache sich erst mit Brandenburg-Baireuth ins Benehmen setzen will, kommt nichts Sicheres zu stande und „ist es bei den gewöhnlichen Pro- und Reprotestationes zu belassen, mit dem Bewenden jedoch, daß dabei von beiderseitigen Officianten geziemende Bescheidenheit gebraucht und aller geschärfte Wortwechsel und namentlich auch alle Thätlichkeiten künftig vermieden werden." Ferner gibt der Vertrag den beiden Teilen das gleiche Recht, „die auf frischer That betretenen Zollbetrüger und die von der ordentlichen Zoll- und Landstraße Abweichenden in des anderen Herren Territorium zu verfolgen, und durch den Beistand der fremden Beamten den Frevler zur Erledigung des schuldigen Zolles und der verwirkten Zollstrafe anhalten zu lassen, jedoch soll die gehörige Bescheidenheit dabei gebraucht und beiderseitig ohne amtliche Assistenz nichts unternommen werden, es wäre denn, daß der Zollschalter sich in der Güte abfinden wolle."

Wenn dieser Vertrag materiell noch nicht viel regelt, so ergibt sich um so deutlicher daraus, daß vieles vorhanden war, was einer Regelung bedurft hätte, daß die Interessengegensätze sich so zugespitzt hatten, daß Beleidigungen und Thätlichkeiten nicht nur zwischen den Interessenten und Beamten, sondern auch zwischen den beiderseitigen Zollbeamten selbst an der Tagesordnung waren.

Die nächsten Jahre sind mit den Geleitsstreitigkeiten erfüllt; es ist jedoch ohne Interesse, diese Differenzen im einzelnen darzustellen.

Brandenburg begünstigte mit allen Mitteln, daß der Güterzug statt über Kitzingen sich nach Steft wandte, und gab höchstens zu, daß die Kaufleute sich von Steft aus in Kitzingen ein Geleitszeichen gegen die Entrichtung des Geleitzolls lösen ließen. Würzburg seinerseits behauptet in dem weiteren Verlauf des Streites den Geleitszwang nicht mehr von allen Gütern, sondern nur von den Nürnberger, aber auch von den Erlanger Gütern, ließ dagegen die Schwabacher Güter, deren natürlicher Weg nach Steft führte, frei und außerdem — „wie herkömmlich" — die nicht zur Frankfurter Messe gesandten Güter, also die rheinischen und holländischen sog. Transitogüter und die für Franken selbst bestimmten sog. „Landgüter". Für die Meß- oder Geleitsgüter behauptet Würzburg jedoch strikte das Recht des Straßenzwanges und will sich nicht mit der Lösung der Geleitszeichen und der Entrichtung der Geleitszölle von einem anderen Platze aus begnügen. Die Erörterung über diese Hauptfrage ergibt noch manches Bemerkenswerte. So wurde in Würzburg von liberaler Seite der Vorschlag gemacht, nicht auf die Einhaltung der Geleitsstraße zu bestehen, wenn der Handel diese Straße nicht mehr wählen wolle, da man auf die Dauer doch nichts ausrichten werde und sich nur Streitigkeiten und Kosten eintrage; man solle höchstens die Lösung der Geleitszeichen verlangen, den Straßenzwang jedoch aufgeben. Der Fürstbischof[1]) jedoch kann diesen Vorschlag nicht acceptieren, weil die Geleitsstraße in den kaiserlichen Briefen benannt sei und durch Abgehen von dieser rechtsbestätigten Forderung das Land seinen Handel verliere, während die bloße Lösung des Geleitszeichens keine Garantie gebe gegen schädliche Unterschleife. Denn wenn der Handel einmal von Kitzingen weg und außer Landes sich gezogen habe, könne nicht mehr kontrolliert werden, ob ein Gut ein Meßgut sei oder nicht. Von anderer Seite dagegen wird der Regierung vorgeschlagen, das Geleitsrecht noch zu verschärfen und eine unbeschränkte Zeit für die Ausübung des Geleitsrechtes einzuführen, statt der bisherigen 8 Wochen. Nur dadurch könne der Handel dem würzburgischen Territorium und speziell der Niederlage Kitzingen erhalten werden. Aber auch dagegen erklärt sich der Fürst mit der Begründung, daß das Geleitsgeld doch „eigentlich" für eine Gegenverbindlichkeit erhoben werde, nämlich für das Geleit, und daß der Straßenzwang eigentlich für die Sicherheit des Handels eingeführt sei. Eine Sicherheitsleistung finde aber nur während der Meßzeit statt, eine ständige Sicherheitsleistung sei mit zu großen Kosten verknüpft, und ohne Gegenleistung könne man nicht gut Straßenzwang und Geleitsgelder fordern. Man kam zu keinem Resultat; dem Fürsten wird vorgehalten, wenn er sich nicht auf eine unbegrenzte Erstreckung der Geleitszeit einlasse, werde bei einer Verschärfung des Geleitsrechtes gerade die Zeit kurz vor Beginn der achtwöchentlichen Geleitszeit und kurz nach Schluß derselben von den „auf ihren Vorteil spekulierenden" Händlern benützt werden, um ihre Güter ohne Straßenzwang, ohne Umwege und ohne Geleitszölle zu befördern; man müsse mindestens ein paar Tage vor und nach Beginn der Geleitszeit zusetzen, um jene Entweichung des Güterzuges unmöglich zu machen. Der Fürst bemerkte dagegen, man komme da an kein vernünftiges Ende, weil immer wieder ein paar Tage die ersten und die letzten seien, so daß man immer wieder ein paar Tage zusetzen müsse. Bei einer solchen Erweiterung des Geleitsrechtes jedoch würde man schließlich auch noch wegen einer in den Reichssatzungen verbotenen Zoll-

---

[1]) Die fürstlichen Äußerungen schöpfen wir vielfach aus der jeweiligen „Resolutio Celsissimi", welche auf den Aktenstücken oder am Ende derselben sich fast regelmäßig findet.

erhöhung verklagt werden und am Ende werde gar das ganze Geleitsrecht angefochten werden, ohne daß man mit einem rechtsbündigen
Gegenbeweis so leichtlich aufkommen könne. Das würzburgische Geleitsrecht begründe sich auf das Herkommen, und man thue deshalb
auch gut daran, sich an das Herkömmliche zu halten auch bezüglich der
Dauer der Geleitszeit und man müsse ferner stets im Auge behalten,
daß der Geleitszoll im Grunde nichts anderes sei, als eine Vergütung
für wirklich geleistete Vergeleitung. Auf jeden Fall, so endigte der
Fürst sein Dekretum, handle es sich hier nicht nur um eine kitzliche
Sache, sondern auch um ein „großes Geschrei wegen des Commercii".
Auch das Würzburger Gebrechenamt spricht sich entschieden gegen eine
gewaltsame Erweiterung des Geleitszwanges aus: es sei rein unmöglich,
den Güterzug von Steft und Breit nach Kitzingen durch Zwang leiten
zu wollen, man könne sich lediglich an die herkömmliche achtwöchent-
liche Geleitszeit halten und jeder andere Zwang sei gegen die „libertatem
commerciorum", und wenn man auch nicht gegen den mit Ansbach
im Jahre 1742 getroffenen Rezeß durch „geeignete" Interpretation
und Deutung der Worte verstoße, so dürfte man solche Gewaltmaß-
regeln Ansbach gegenüber schon deshalb nicht durchführen, weil „dergleichen die Beschränkung der Commerciorum abzweckende Verordnungen" capitulatione caesarea verboten seien und kassiert werden
würden.

Es blieb also bei dem herkömmlichen Geleitsrecht, d. h. der Würzburger Handel in Kitzingen war 8 Wochen im Jahre, während der
Frankfurter Meßzeit, ein ganz besonders blühender, während der eigentliche Transithandel vom Rhein und Holland nach Bayern, Österreich,
Tirol und Schwaben mehr über Steft und Breit ging.

Trotzdem gab es auch ohne Verschärfung des Würzburger Geleitsrechtes noch manche Konflikte infolge dieses Rechtes oder Zwanges.
So finden wir im Jahre 1746 einen energischen Protest der Stadt
Nürnberg gegen die Handhabung des Geleitsrechtes seitens Würzburgs.
Es waren mehrere Schiffer während der Meßzeit gezwungen worden,
bei 100 Thaler Strafe ihre aus Holland und nicht aus Frankfurt
kommenden Nürnberger Güter nach Kitzingen den Main hinaufzufahren,
statt in Steft umzuschlagen. Die Würzburger Regierung vermutet, daß
Nürnberg von Ansbach „aufgehetzt" sei, und erwidert, daß die Kaufleute sich solche Vorkommnisse selbst zuzuschreiben hätten, wenn sie nicht
dafür sorgten, daß während der Geleitszeit der genaue Beweis erbracht
würde, ob ihre Güter Frankfurter Meßgüter oder Transitgüter seien.
Würzburg halte sich genau in den Grenzen seines Rechtes, dies habe
man der Reichsstadt Nürnberg schon zweimal versichert und brauche es
nicht noch öfters zu wiederholen.

Abgesehen von solchen Konflikten war das Würzburger Zwangsrecht natürlich auch eine Quelle von Betrügereien und Unterschleifen. Vor allem leuchtet ein, daß die Schiffer, die Fuhrleute, die Kaufleute und Spediteure ihr Möglichstes thaten, um dem lästigen Würzburger Straßenzwang auszuweichen. Bestechungen und falsche Frachtbriefe kamen ungemein häufig vor, und besonders lebhaft und rege wäre der erzwungene Handel in Kitzingen durch das Geleitsrecht allein wohl nie geworden. Die Würzburger Regierung brachte z. B. in Erfahrung, daß die Zolldragoner, welche die Grenzen zu bereiten hatten, um auf Meßgüter zu fahnden, nicht verläßlich seien, daß sie gegen ein gutes Trinkgeld sehr nachgiebig würden, und es werden deshalb außer den Zolldragonern noch andere „bürgerliche, verläßliche und charakterfeste Leute", die zugleich „des Reitens und der Gegend kundig" waren, zu dieser Güterjagd angestellt. Schwieriger war es schon, den falschen Frachtbriefen beizukommen. Allein man half sich hier dadurch, daß man möglichst wenige Güter von dem Geleitszwang befreite. Dadurch hoffte man zugleich auch wieder, der erstrebten Förderung des Kitzinger Handels zu dienen. So wurden nun auch die Augsburger Güter für geleitbar erklärt, da merkwürdig viel „Augsburger Gut" zur Geleitszeit ankam und als geleitsfrei passieren durfte. Es fiel dies auf, weil doch die Augsburger Güter ihren natürlichen Weg nach Schwaben nehmen mußten und außerdem die Reichsstadt Augsburg in Frankfurt einen eigenen Geleitsreiter hielt, welcher die Augsburger Güter über Miltenberg durch den Taubergrund nach Schwaben geleitete, wenn diese Straßen nur einigermaßen gangbar waren. Das viele „Augsburger Gut" konnte also nur eine falsche Bezeichnung sein, um dem Geleitszwang zu entgehen.

Daß diese Art Handelspolitik auf die Dauer nicht fortgeführt werden konnte, sah man immer mehr ein; es war ein System von Zwang einerseits und Betrug andererseits. Würzburg machte sich Feinde auf allen Seiten. Erlanger Kaufleute beschwerten sich, weil mehrere Wagen mit Erlanger Strumpfwaren angehalten worden und zu Grunde gegangen waren, zwei Regensburger Güterwagen wurden mit roher Gewalt von Würzburger Husaren aus Steft nach Kitzingen geschleppt, obwohl sie keine Geleitsgüter enthielten.

Böses Blut machte auch im Jahre 1749 die Vergewaltigung zweier Regensburger Güterwagen, welche zufällig die Effekten des Kommitialgesandten und Kommissarius Fürsten Taxis enthielten.

Der Wunsch, von dieser gewaltthätigen Handelspolitik zu einer vertragsmäßigen überzugehen, wurde lebhaft geäußert und im Jahre 1749 zu Breit eine Konferenz zum Abschluß eines Handelsvertrags mit Brandenburg-Ansbach von Würzburg einberufen.

Das Resultat dieser Verhandlungen war der Rezeß vom Jahre 1750. Folgende Bestimmungen dieses Vertrages sind hervorzuheben.

1) „Zur Erhaltung des Geleitsrechts müssen alle und jede Kaufmannsgüter und Waren, die in ihrer Fahrt von und zu der Frankfurter Messe die alte herkömmliche Geleitsstraße befahren und in selbiger von Nürnberg bis Kitzingen und ebenso von Frankfurt bis Kitzingen eintreten, oder nach der Lage des Ortes ihrer Aufnahme und Abgabe ohne Um- oder Auswege solche alt-her-tömmliche Geleitsstraßen zu berühren hätten, während der Geleitszeit sowohl zu Wasser als zu Land nach Kitzingen gebracht und außer diesem an keinem anderen Orte ein- und ausgeladen oder verführt werden.

2) Alle Fuhr- und Schiffsleute werden angewiesen, die Frachtbriefe auf den Zollstätten jedesmal getreulich vorzuzeigen. Solange die Frachtbriefe nicht attestiert sind, werden die Güter für geleitsbar erachtet und darnach in die Geleitsstraße angewiesen.

3) Wegen der übrigen nach Markt-Steft und Ansbach gehörigen auch anderen Augsburger, Eichstätter, Schwabacher, Rothenburger, Weißenburger, Windsheimer, Nördlinger, Dinkelsbühler und dergleichen Gütern, welche die alte herkömmliche Geleitsstraße nicht berühren oder nach der Lage des Orts ihrer Aufnahme und Abgabe ohne Suchung eines Um- oder Auswegs nicht zu berühren haben, bleibt es jedermann sonderheitlich aber den Markt Stefter Schiff-, Handels- wie auch Fuhrleuten und Spediteurs frei und unbenommen, zu Markt-Steft ein- und auszuladen. Diese Güter dürfen weder mit Arresten belegt, noch darf das Geleitsgeld auf den Geleits-Stätten erhöht, sondern das beiderseitige Kommerzium soll in wahrem nachbarlichen Wohlwollen bestens gefördert werden.

4) Insbesondere sollen die Stefter Schiff- und Fuhrleute keineswegs schuldig oder gehalten sein, oder dazu angewiesen werden, die in vorstehendem § 3 benannten Güter nach der Geleits-Stadt Kitzingen zu führen und allda ein- und auszuladen. Dahingegen wird:

5) von seiten des Fürstentums Onolzbach verbindlichst erklärt und hiemit auf das kräftigste zugesichert, daß — wie es die aufrichtige Meinung hat — das beiderseitige Beste nach Kräften zu fördern, also auch von Seiten des Fürstentums Onolzbach allen Ernstes darauf gesehen wird, daß die in die alten Geleitsstraßen gehörigen Güter, von welchen jedoch die auf den Geleitsstraßen auch in der Geleitszeit kommenden holländische und andere vom Rheine heraufgehende Transitogüter, mit welchen in Frankfurt die Meß nicht gebauet worden, ausgenommen sind, in der gewöhnlichen Meßgeleitszeit an Markt Stefter Kauf- und Handelsleute unter verdeckten Zeichen, Namen und Angaben nicht gebracht werden. Vielmehr soll gegen die sich Verfehlenden als

Zollschalter mit gemessener Strafe gemäß dem Rezeß de anno 1742 verfahren werden.

6) Bezüglich der Zeit, soll es bei den herkömmlichen acht Wochen bei jeder Meßzeit beiderseits ferner belassen und solche Frist unter keinerlei Vorwand weitershin nicht erstrecket, auch sollen die beiderseitigen Beamten darauf instruiert werden."

In diesem Vertrag suchten die beiden Stände Ansbach und Würzburg die seit dem Jahre 1737 den westlichen Ständen, insbesondere Kurmainz, abgejagte Beute, nämlich die große Nürnberg-Frankfurter Handelsstraße, unter sich reblich zu teilen, indem Würzburg-Kitzingen im wesentlichen die Meßgüter der Nürnberg—Regensburger Linie, Ansbach-Stest die der Augsburger Linie zugewiesen bekam, während der große Transitoverkehr beiden Ständen zukommen sollte.

Da die diplomatischen Verhandlungen, welche zu diesem Rezeß führten, auf rechtlicher Grundlage geführt wurden, da also lediglich festgestellt wurde, was Rechtens sei „herkömmliches oder wohlerworbenes Recht", so bieten dieselben wenig Interessantes dar.[1])

Der Rezeß vom Jahre 1750 befriedigte einen großen Teil des Würzburger und Kitzinger Handelsstandes nicht; man hatte in Würzburg keine Festsetzung und Abgrenzung des bestehenden Rechts erwartet, sondern eine Erweiterung und Verschärfung des Würzburger Geleitsrechtes und Straßenzwanges; man sagte, die Würzburger Diplomaten und Minister seien übervorteilt worden, der erst wieder emporgebrachte Kitzinger Handel sei nun sicher der Vernichtung preisgegeben. Es gebe Leute genug, z. B. in Frankfurt, welche sich ein Gewerbe daraus machen, für etwa einen $1/2$ fl. einen falschen Frachtbrief auszustellen. Was den Verkehr von oben herunter betreffe, so seien die Nürnberger gewohnt, ihre meisten Güter vor Beginn der Geleitszeit nach Stest zu schicken, und nachdem von Frankfurt herauf die meisten Güter Transito-

---

[1]) Die wirtschaftlichen Interessen eines Territoriums wurden damals noch nicht so frei wie später zur Aussprache gebracht, sondern immer durch das Medium eines Rechtsgrundes geltend gemacht. Sei es, daß man den Nachweis eines Rechtes zu bringen hatte, sei es daß man über die Interpretation und Abgrenzung eines bestehenden Rechtes stritt, immer vollzog sich die wirtschaftliche Entwickelung auf dem langsamen Weg der Fortbildung des historischen Rechtsgrundes. Prinzipien und Ideen waren damals noch keine Triebkraft in handelspolitischen Dingen, in Franken wenigstens. Erst später gegen Ende des 18. Jahrhunderts war der rationalistische Geist auch in Franken so erstarkt, die Ehrfurcht vor dem „Recht" so erschüttert, daß man auch bei handelspolitischen Verträgen schneller und direkter auf sein Ziel und auf seine Interessen hinarbeitete und auf einen Rechtsgrund nur noch Rücksicht nahm, wenn ein solcher vorteilhaft war. Zu Ende des Jahrhunderts treten die naturrechtlichen Ideen mit einer gewissen selbständigen Kraft in die Motivierungskunst ein.

güter seien, so würde nach dem Rezeß der Verkehr nicht gezwungen sein, über Kitzingen zu gehen, das Kitzinger Geschäft müsse zu Grunde gehen. Am Unter-Maine sei man strenger vorgegangen; da müsse der ganze Verkehr über Stockstadt gehen und dürfe nicht nach Hanau abweichen, wenn auch der Weg noch so schlecht sei. Da es den Kitzinger Schiffern nicht gestattet sei, in Steft zu laden, kämen sie überhaupt zu keiner Thalfracht, und damit sei dann ihr ganzes Gewerbe ruiniert. Es frage sich, auch ob der dritte Interessent, nämlich Brandenburg-Baireuth, das den Zoll in Neustadt a./A., Bruck und an anderen Orten besitze, sich diesen Vertragsbestimmungen zwischen Ansbach und Würzburg anschließen werde. Die Transitgüter seien die Hauptsache, ohne dieselben sei der Würzburger Handel vernichtet. In den früheren Jahren der Regierung Friedrich Karls seien alle Güter dem Straßenzwang unterworfen gewesen. Der Rezeß werde zur Folge haben, daß der für alle Güter eingeführte und aufrechterhaltene Straßenzwang beseitigt, die dazu errichtete Rangordnung unter den Schiffern unnütz werde, wegen Mangel an Gütern. Dagegen werde natürlich von Ansbach alles Erdenkliche im eignen Interesse gethan. Es sei sogar eine 13 jährige Freiheit von allen Abgaben (außer dem Weggeld) angeordnet worden, über welche entsprechende Freizettel in die Komtors aller bedeutenden Handelsstädte geschickt worden seien.

Daß diese Befürchtungen übertrieben waren, ist klar, das Geleitsrecht und der Straßenzwang waren sehr wichtig, aber doch nicht die einzigen Mittel und Wege zur Förderung des territorialen Handels. Kamen ja doch nur die Meßgüter in Betracht und nur eine kurze Zeit des Jahres, während der übrige Verkehr, der ganze Transitoverkehr unberührt blieb.

Der Fürst wandte sich denn auch energisch gegen das „Raisonnement" seiner Unterthanen, meinte, daß die Leute in geheime diplomatische Dinge nicht hineinreden sollten, und daß alle die Räsonnements „Geburten solcher Personen seien, welche jaloux seien, weil sie nicht wissen, was sie gern wissen wollten." Allerdings sei die Förderung des Kommerzienwesens jetzt nach dem Rezeß doppelt angezeigt, da die Brandenburger alles thun würden, um den ganzen nicht geleitbaren Güterzug nach Steft zu bringen.

Thatsächlich war mit der vertragsmäßigen Festsetzung des Geleitsrechtes dem Würzburger Handel nicht viel geholfen, da auf Grund des Vertrages die Stefter Niederlage sofort noch mehr frequentiert wurde auf Kosten der Kitzinger Niederlage. Die Kaufleute hofften, daß Störungen und Konflikte jetzt aufhören würden und sie kamen noch lieber zur Stefter Niederlage.

So wurde natürlich durch den einflußreichen Kitzinger Handelsstand die alte gewaltthätige Handelspolitik von neuem angeregt. Schon bei der Ostermesse des Jahres 1750 kamen Streitigkeiten und Gewaltthätigkeiten vor, „wie sie früher nie dagewesen"; die Würzburger Zollbeamten und Soldaten gingen auf Befehl einiger hochgestellter Würzburger Räte aufs schärfste vor, um den ganzen Handel nach Kitzingen zu „schleppen". Die Kitzinger Kaufleute sparten nicht mit „Trinkgeldern" bei den hohen und niedrigen Würzburger Beamten.

Da es nun sofort offenbar geworden war, daß der Rezeß von 1750 nicht die erstrebte Beilegung aller Konflikte erzielt hatte, trat bereits 1751 abermals eine Konferenz in Breit zusammen zur Ordnung der Gerechtsamen der beiden Staaten Würzburg und Brandenburg-Onolzbach. Die Verhandlungen dieser Konferenz war sehr langwierig und langweilig.

Von Würzburger Seite wurde namentlich auch ausbedungen, daß die sog. Weinstraße von Steft nach Uffenheim nicht ausgebessert werde, damit nicht eine Umgehung der drei Würzburger Zollstätten: Iphosen, Altmannshausen und Marktbibart eintreten „und eine deutliche Schmälerung des Würzburger kaiserl. Zollregals durch eine solche anmaßliche Abänderung der Land- und Heerstraße dauernd attestiert werde."

Auch Brandenburg hatte seine besonderen Wünsche. Nachdem die Nürnberg—Frankfurter Handelsstraße von ihrer westlichen Richtung abgelenkt und der ersten südlichen Ausbiegung gesichert war, wollte Brandenburg nur noch dessen sicher sein, daß der Verkehr, nicht wie früher ja schon geschehen, wieder einmal nach Osten ausweiche und nach Bamberg sich wende. An der ersten südlichen Ausbiegung des Mains selbst hoffte dann Brandenburg mit seinem vortrefflich gelegenen Platze Steft schon gegen Kitzingen aufzukommen.

Brandenburg verlangte also, daß Würzburg sein Wassergeleitsrecht auf dem Maine oberhalb Kitzingen aufgebe. Würzburg will jedoch den mit Bamberg wegen des Wassergeleitsrechtes bei Zeil errichteten Rezeß nicht erschüttern lassen. Der Handel nach und von Bamberg sei noch sehr entwicklungsfähig, und gerade gegenwärtig denke man daran, eine wöchentliche „Ordinari"-Fahrt von Bamberg über Würzburg nach Frankfurt einzurichten. Auf der freien Mainfahrt müsse Würzburg umsomehr bestehen, da ja die Kommerzien mit der Zeit sich ändern und wie zur Zeit schon so viele böhmische und andere Güter aus den österreichischen Erblanden von Bamberg den Main herabkämen, ebenso dieselben auch einmal en retour gehen könnten.

Brandenburg verlangt ferner, daß die Regensburger Güter vom Geleitszwang zu eximieren seien und sucht selbstverständlich dieses Verlangen rechtlich zu begründen. Ferner sollen die in den ersten Wochen der Geleitszeit von Frankfurt nach Nürnberg und die gegen

Schluß der Geleitszeit von Nürnberg nach Frankfurt gehenden Güter geleitsfrei sein, weil dieselben offenbar keine Meßgüter seien; auch diese Forderung wird durch den Wortlaut des Rezesses „bewiesen", und andererseits mit eben diesem Wortlaut bestritten. Brandenburg will ferner, daß alle vor Beginn der Geleitszeit bereits auf der Fahrt befindlichen Güter frei sein sollen, Brandenburg will, daß die Frachtbriefe genügen für den Ausweis der Fuhrleute und daß die Frachtbriefe nicht erst auf die Herkunft der Güter und auf Abfahrtszeit geprüft und durch Würzburger Beamte attestiert werden müssen, was die Fuhrleute und Schiffer oft furchtbar lange aufhalte. Würzburg dagegen besteht darauf, daß vor allem die „Gerechtigkeit" siegen und der Betrug bekämpft werden müsse, wenn auch die Fuhrleute aufgehalten würden. Brandenburg macht das gewaltthätige Würzburger Zollsystem verantwortlich für alle die Sünden des Betrugs und versichert, daß bei weniger gespannten Verhältnissen die vom Krahnenmeister in Frankfurt und den Beamten in Nürnberg ausgestellten Frachtbriefe vollständig genügen würden.

Brandenburg verlangt ferner, daß den nach Steft fahrenden Schiffern gleichfalls wie den nach Kitzingen fahrenden[1]) eine $\frac{1}{3}$ Zollvergünstigung gewährt würde, da sonst eine indirekte Verletzung der rezeßmäßigen freundnachbarlichen Beziehungen vorliege. Würzburg erwidert, man könne wohl nicht im Ernst verlangen, daß es $\frac{1}{3}$ seines Zollertrages verschenke ohne das mindeste Äquivalent. Der Hauptdifferenzpunkt war jedoch darin gegeben, daß Würzburg auf Grund der schlechten Erfahrungen, die es mit dem 1750 er Rezeß gemacht hatte, eine Erweiterung des Geleitsrechtes versuchte. Nicht nur daß Würzburg sein Wassergeleitsrecht nach Bamberg wieder schärfer zur Geltung zu bringen suchte, es verlangte nun auch von allen Gütern — ohne Rücksicht auf die Frankfurter Messe —, die über Steft kamen, die Entrichtung einer Geleitsabgabe nach Kitzingen, um dadurch den Handel zu zwingen, Kitzingen selbst aufzusuchen.

Diese Forderungen waren der Anlaß zum Abbruch der Verhandlungen. Brandenburg betonte, daß es mit einem Stande nicht mehr paktieren könne, der den Handel in so gewaltthätiger Weise ohne jeden Rechtsgrund belästige und von der Mainroute vertreibe, mit einem Stande, der selbst in den Tagen der Konferenz durch seine Husaren friedliche Fuhrleute mit Regensburger Gütern unter Anwendung von Waffengewalt nach Kitzingen habe schleppen lassen. Brandenburg wolle die justo titulo acquirierten Würzburger Geleitsgerechtsame in keiner

---

1) Näheres hierüber s. u.

Weise angreifen, aber es halte anderseits an der allgemeinen Freiheit der Kommerzien und an der Libertas navigandi fest. Statt den Dingen auf den Grund zu gehen und seine wirtschaftlichen Interessen gegen einander zu erklären und zu vertreten, hatte man sich mit allen erdenklichen diplomatischen oder juristischen Künsten über alle möglichen und unmöglichen Interpretationen des 1750 er Rezesses gestritten, und nachdem man sich „utrimque genugsam expliciret" und sehr viel von der „Förderung des Commercii", von der „Wohlfahrt" des Landes und von „freundnachbarlichem Wohlwollen" gesprochen, ging die Konferenz wegen unausgleichbarer Meinungsverschiedenheiten auseinander, ohne wirklich etwas für die Förderung des Handels gethan zu haben.

In allen diesen Verhandlungen steht Brandenburg auf dem unseren modernen Anschauungen sympathischeren Standpunkte. Allein man darf daraus keine falsche Schlüsse machen. Würzburg war bei einem naturgemäßen Gang des Handels im Nachteil und machte deshalb mit allem Nachdruck seine Gerechtsamen geltend oder konstruierte neue Rechte. Brandenburg hatte die günstigeren natürlichen Bedingungen in der Lage seines Platzes Steft und vertrat deshalb konsequenter Weise die Handelsfreiheit, würde aber höchstwahrscheinlich bei ungünstigerer Lage seines Platzes Steft ebenso energisch das „reaktionäre" Prinzip vertreten haben, gegenüber freiheitlichen Bestrebungen.

Deshalb bleibt aber dennoch dem brandenburgischen Territorium das Verdienst, zuerst den handelspolitischen Gesichtskreis in Franken etwas erweitert zu haben — nicht viel nach unserem heutigen Maßstab, aber recht viel, wenn man sich in diese kleine mittelalterliche Territorialwelt des Frankenlandes versetzt.

Der brandenburgische Minister von Seckendorff hatte in einem persönlich unterzeichneten Schreiben dargelegt, Endzweck der Breiter Konferenz sei es, die beiden Länder in handelspolitischer Beziehung einander näher zu bringen, überhaupt die nähere, intimere Vereinigung der zersplitterten fränkischen Herrschaften in handelspolitischen Dingen anzubahnen. Zu diesem Zwecke müßten die Interessen gegen einander ausgeglichen werden, Opfer auf beiden Seiten gebracht werden und dafür der Gewinn erzielt werden, welcher in einer allgemeinen Förderung des Handels liege. Dieses Ziel sei durch die einseitige Zollvergünstigung der zur Kitzinger Niederlage fahrenden Güter illusorisch gemacht, abgesehen davon, daß der Rezeß von 1750 jede Zollerhöhung, also auch jede indirekte verbiete. Auch in Mainz, Hessen, Hanau, Wertheim, Ochsenfurt, Breit und bei anderen Zollherrschaften sei der $^1/_8$ Zollnachlaß für den eigenen Handel eingeführt; die durch Vertrag verbundenen Herrschaften müßten gerade darin anders verfahren, daß sie nicht ihre In-

teressen einseitig verfolgen, sonst hätten Handelsverträge überhaupt keinen
Sinn und ein weiteres Ziel bezüglich der fränkischen Handelspolitik könne
auf diese Weise nie erreicht werden. „Denn" — so faßt der Minister
seine Ansicht prägnant zusammen — „was juris naturalis ist, darüber
wäre nie vonnöten gewesen einen solennen Vertrag zu errichten."
Seckendorff versichert, man habe brandenburgerseits kein anderes Studium
als „promovendi commoda mutua", lediglich die Absicht gehabt, den
fränkischen Handel im allgemeinen zu heben, weil dadurch den beiderseitigen Zollherrschaften und der Landeswohlfahrt am besten gedient sei.

Für den fränkischen Handel, dessen Hebung doch seit einer Reihe
von Jahren successive gelungen war, konnte bei diesem Interessenstreit
Würzburgs und Brandenburgs nichts Gutes herauskommen. Jeder
Reichsstand bedrückte den Handel nach dem Lande des anderen Reichs-
standes soviel als möglich, um den Handel in seine eigene Niederlage
zu leiten. Summiert man diese Bedrückungen auf beiden Seiten, so
ergiebt sich eben als Resultat die möglichste Bedrückung des Handels
im allgemeinen. Aber diesen Gesichtspunkt erwähnte niemand. Wenn
Würzburg dem zur Kitzinger Niederlage gehenden Verkehr eine $\frac{1}{8}$
Zollvergünstigung gewährte, glaubte es seinen Handel zu fördern, wogegen Brandenburg dann auf seinen Landstraßen wieder die von der
Kitzinger Niederlage kommenden Güter belästigte und dadurch jene Vergünstigung ausglich. Der Interessenstreit konnte auf diesem Wege nicht
zu Ende und der Handel nicht so rasch als man gewünscht hatte, zur
dauernden und gesunden Blüte kommen.

Noch im Jahre 1754 finden wir ganz dieselben Differenzen über
den Geleitszwang und im Jahre 1757 tagte nochmals eine Konferenz
zur „endgültigen Beilegung der Streitigkeiten". Es war immer dieselbe erfolglose Geschichte: auf der einen Seite wollte man das Geleitsrecht möglichst ausdehnen, auf der anderen Seite möglichst beschränken.
So suchte Würzburg, um sich bei einer Niederlage seiner Handelspolitik
an der südlichen Mainecke immer noch eine Thüre offen zu lassen, stets
auch wieder das jus conducendi bis Zeil, das Wassergeleit über
Kitzingen hinaus historisch und rechtlich zu begründen, und als auch
Brandenburg Gegengründe aufzuweisen hatte, namentlich einen Schieds-
spruch des Herzogs Wilhelm von Sachsen aus dem Jahre 1460, versuchte Würzburg die Begründung auf eine andere Weise. Es stellte sich
auf einmal auf den Standpunkt der „Kommerzienfreiheit," machte geltend,
daß Kitzingen kein Stapelrecht habe, weßhalb man nicht fordern könne,
daß die Waren in Kitzingen ausgeladen und von Kitzingen nach Nürnberg gebracht werden müssen. Man müsse das den Schiffern freistellen.
Dagegen verwahrte sich Brandenburg in der Überzeugung, daß Würzburg es dann schon verstehen werde, die „freien" Schiffer und Fuhr-

leute durch allerlei Zwangsmittel nach Bamberg zu dirigieren und über Bamberg erst nach Nürnberg fahren zu lassen. Brandenburg verteidigte nun ebenso energisch die strikte Einhaltung der uralten Nürnberger Geleitsstraße, wie es früher die Abweichung des Güterzuges nach Steft und die Freiheit der Kommerzien verteidigt hatte und will, daß alle Schiffer gezwungen werden, nicht über Kitzingen hinauszufahren, außer diejenigen, die nachweisbar sächsische und böhmische Güter führten. Eine Einigung konnte natürlich nie erzielt werden, so lange alle versammelten Räte mit klarem Verstande ihre einseitigen Interessen mit ihrer ganzen diplomatischen und juristischen Belegkunst verfochten. In dieser Einsicht mag sich vielleicht auch die Würzburger Regierung veranlaßt gesehen haben, statt weiterer Diplomaten ein paar Dutzend Flaschen „besten alten Steinweines" nach Breit zu schicken, welche wie die Würzburger Deputierten mit naiver Steifheit getreulich referieren, zu keinem anderen Zweck als zur Wahrung der Geleitsgerechtsame und zur Förderung des Kitzinger Kommerzienwesens benützt wurden. Aber auch die ältesten Bouteillen Steinwein vermochten nichts gegen die alten Rechtsgründe, welche bei den Verhandlungen geltend gemacht wurden.

Uns aber nötigt dies Bild ein Lächeln ab, wenn wir im Geiste in der kleinen Stadt Marktbreit, grade im Herzen von Deutschland, die bezopften Deputati des Hauses Brandenburg-Onolzbach und des Hochstifts Würzburg beim feurigen Frankenweine über die Herstellung eines Geleitsrechtes oder Straßenzwanges „zur Förderung der Commercii" verhandeln sehen, zu einer Zeit, in welcher die Westmächte Europas den großen Welthandel schon mehrmals unter sich geteilt hatten, zu einer Zeit, in welcher Adam Smith an seinem Werke über den Reichtum der Nationen schrieb.[1]

Minder wichtig als das Geleitsrecht und der Straßenzwang war

---

[1] Damals (1749) komponierte Arne das „Rule Britannia", das stolze Lied:

> When Britain first at Heav'n's command
> Arose from out the azure main,
> This was the charter, the charter of the land
> And guardian angels sung this strain.
> Rule Britannia, Britannia rule the waves,
> Britons never, never, never will be slaves.
>
> The nations not so blest at thee,
> Must in their turns to tyrants fall,
> While thou shalt flourish great and free,
> The dread and envy of them all.
> Rule Britannia, Britannia rule the waves,
> Britons never, never, never will be slaves.

bei der Förderung des würzburgischen Kommerzienwesens in der zweiten Hälfte des 18. Jahrhunderts das Stapelrecht und das Marktrecht.[1]) Die Stadt Würzburg[2]) hatte das Markt- oder Feilschaftsrecht für Bretter, Pfähle und andere Holzwaren, welche den Main herab auf Flößen kamen, nach Büsch auch für Floßholz selbst. Diese Waren mußten 3 Tage in der Stadt feilgeboten werden, gleichviel ob sie bereits nach Mainz, Frankfurt ꝛc. verkauft waren.

Doch durften die in der Stadt Würzburg in den Handel gelangenden Holzwaren nicht unter 8 Meilen von der Stadt entfernt eingekauft sein. Von dem lästigen Zwang des dreitägigen Anhaltens wurde unter Umständen dispensiert.

Frankfurt a./M. hatte auch kein eigentliches Stapelrecht, obwohl selbst die zeitgenössische Litteratur von einem solchen spricht.[3])

Von einem Stapelrecht in Kitzingen verlautet im 18. Jahrhundert nichts, im Gegenteil wird von der Würzburger Regierung geltend gemacht, daß Kitzingen kein Stapelrecht besitze, als Brandenburg verlangte, daß keine Nürnberger Waren nach Bamberg geschafft werden dürfen, sondern in Kitzingen ausgeladen werden sollten.

Erst zu Beginn des 19. Jahrhunderts ist von einem solchen Recht in den Akten die Rede.

Doch wird die Einführung eines Marktrechtes in Kitzingen allgemein von den Schiffern und Flößern als Neuerung bezeichnet, und allgemein dagegen protestiert. In den daraus entspringenden sehr umfangreichen Verhandlungen bezieht sich Kitzingen auf ein im Jahre 1498 von Kaiser Maximilian erteiltes Privilegium. Aus diesem geht

---

1) Näheres über das Stapelrecht des 18. Jahrhunderts im allgemeinen, über Städte, welche das Recht besaßen, über die Grade desselben ꝛc. s. Ludovici a. a. O. Büsch Darstellung der Handlung: IV. Bd. und die Regalienlehrer z. B. Jargow: „Lehrbuch der Regalien". Doch findet man gerade bezüglich des Stapelrechts in der Litteratur auch in der neuen Litteratur über allgemeine oder deutsche Handelsgeschichte vielfach die größten Differenzen, Irrtümer und Übertreibungen. Unseres Erachtens kommt dem Stapelrecht im 18. Jahrhundert gegenüber dem Binnenzollwesen in Deutschland eine ganz geringfügige Bedeutung zu und scheinen uns namentlich die Schilderungen von der Wirkung, welche die Aufhebung des Stapelrechtes zu Anfang des 19. Jahrhunderts ausübte, sehr übertrieben zu sein. Auch dem bedeutendsten mitteldeutschen Stapelrecht, dem von Leipzig, wurde um die Zeit des 7 jährigen Krieges ein Ende gemacht, ohne daß dieses einen so großen Einfluß auf den Handel der Stadt Leipzig ausgeübt hatte. S. Heller: die Handelswege Inner-Deutschlands.

2) Oberthür: Taschenbuch für die Geschichte, Topographie und Statistik des Frankenlandes, bes. dessen Hauptstadt Würzburg 1798 und Büsch: Darstellungen der Handlung, IV. Buch, Zusatz 61.

3) Z. B. Ludovici a. a. O. Jargow a. a. O.; Urkundliche Mitteilungen über das Frankfurter Marktrecht s. u. S. 73.

hervor, daß die Stadt Kitzingen ein dreitägiges Marktrecht für alles Holz und für Holzwaren habe, weiter nichts.¹)

Von Wertheim heißt es in einem Straßenbaukommissionsprotokoll v. Jahre 1751, diese Stadt sei eine uralte Handelsstadt, reich an Schiffahrt, wie sich das wieder im letzten Krieg gezeigt habe, als Wertheim allein zur allgemeinen Verwunderung die kaiserlichen Truppen bis nach Köln verschiffte. „Auch hat Wertheim das jus stapulae." Bemerkbar macht sich aber dieses Stapelrecht in den Akten sonst nirgends.

Die Marktgerechtigkeit von Miltenberg und Aschaffenburg bestand, soweit sie allgemein anerkannt war, darin, daß 5% von allen Früchten ausgeladen und feilgehalten werden mußten.²) Doch scheint gerade dieses Marktrecht mannigfache Wandlungen durchgemacht zu haben.³)

Das wirkliche Schiffahrtsmonopol am Maine, welches in früheren Zeiten Miltenberg besaß, war nach Mainz verlegt worden⁴) und erstreckte sich auf die Flußstrecke zwischen Frankfurt und Mainz und weiterhin auf die Rheinfahrt. Trotzdem wurde noch zu Ende des 18. Jahrhunderts das Niederlagsrecht oder Überschlagsgeld in Miltenberg mit 15 kr. für jeden Gulden Zollgeld besonders bezahlt.⁵)

Die Mainschiffer mußten ihre Güter für die Fahrt auf der Mainstrecke Mainz—Frankfurt auf das Mainzer Marktschiff bringen. Die Mainzer ließen sich für diese Fahrt natürlich entsprechend bezahlen, so daß die Mainschiffer abgesehen von den Kosten der Umladung auch noch hierdurch belastet waren und ihre Schiffe leer transportieren mußten. Weiterhin hatte Mainz das Schiffahrtsmonopol der Main-Rheinfahrt. Dies war das einzige wirklich bedrückende Stapelrecht am Maine, um so bedrückender, als die Mainschiffer oft lange warten mußten, bis das große Mainzer Marktschiff voll war und den Mainschiffern ihre Waren brachte.

Der Würzburger Regierung wurden wiederholt Vorstellungen in den ersten Jahrzehnten des 18. Jahrhunderts seitens des Würzburger Handelsstandes in dieser Richtung gemacht. Einmal bemerkt dieselbe auf eine Bittschrift resigniert, daß sich da „rechtlich" nichts machen lasse, daß jedoch die Kaufmannschaft sich mit einer Bittschrift unter

---

1) Damit stimmt auch überein was Merian über das Kitzinger Stapelrecht erzählt.
2) Bei dieser Gelegenheit wird in dem Hofkammerprotokoll (4. IV. 1727) bemerkt, daß in Miltenberg von allem Nürnberger Gut 3 Batzen pro fl. mehr Speditionsjura als von jedem andern Gut erhoben würden.
3) Über die Breiter Marktgerechtigkeit v. J. 1757 s. die betr. Urk. bei Plochmann a. a. O.
4) Näheres über das Mainzer Stapelrecht s. Quetsch a. a. O.
5) Über das Transitokommerz auf dem Maine im „Journal von und für Franken."

Unterstützung der Würzburger Regierung an Mainz wenden soll. Darin solle zur rechtlichen Begründung darauf der Schwerpunkt gelegt werden, daß die Würzburger durch Vertrag vom Jahre 1656 vom Mainzer Stapelrecht in Miltenberg befreit seien und daß darin doch gesagt sei, daß Würzburg auch von dem nach Mainz verlegten Stapelrecht befreit sei. Andere Rechtsgründe ließen sich nicht anführen, man solle sich aber nicht abschrecken lassen, sondern immer wieder Petitionen an die Mainzer Regierung richten.

Daß die Blütezeit des Stapelrechts vorüber sei, mußte auch Mainz noch in der von uns ins Auge gefaßten Zeit mehrmals erfahren.

„Veränderte Verhältnisse", sagt Quetsch,[1]) „beschränkten im Laufe der Zeit das ursprünglich ausgedehnte Stapelrecht von Mainz immer mehr und es blieb im Jahre 1780 als Hauptstapelware nur noch das Holz (Stämme und Borde). Dasselbe mußte bei Mainz halten, wurde hier abgeschätzt und zum Verkaufe ausgestellt".

Das Umschlagsrecht, das Mainzer Schifferei-Monopol, wurde auch — wie wir im weiteren Verlaufe unserer Darstellung zeigen werden — in der Folgezeit durch die rege Thätigkeit der Würzburger Fürsten und der oberrheinischen Stände fortwährend durchbrochen und die direkte Main-Rheinfahrt des öfteren vertragsmäßig ermöglicht.[2])

Unsere Darstellung des Stapelrechts in Franken wäre unvollständig, würden wir nicht auch der Wagordnungen und der Wagjura gedenken.[3]) Diese Einrichtung des zwangsweisen Wiegens aller Güter war nothwendig infolge des Zollwesens und einträglich für den Fiskus und auch deshalb bedeutsam, weil sich damit leicht ein althergebrachtes Marktrecht verband, das man unter der Bezeichnung „Wagordnung" nicht vermutet.

Nach der würzburgischen Wagordnung mußten alle nach Würzburg kommenden Güter im herrschaftlichen Waghaus gewogen werden und ihre Wagjura entrichten. In dieser Wagordnung nun wird auch ein spezielles Marktrecht der Stadt Würzburg auf einige andere als Holzwaren prätendiert, „welches nach Proportion der ankommenden Masse und nach Beschaffenheit der Güter abgemessen werden soll". Ankommendes „Fastengut" und andere Güter, wie Pfähle, Gemüse ꝛc., wurden aber in der Wage auch zum Verkaufe hinterlegt und an einigen Orten ausgerufen.

Die Transito- und Kommissionsgüter mußten zwar auch hinter-

---

1) Quetsch. „Geschichte des Verkehrswesens am Mittelrhein."
2) Heißt es doch schon im Jahre 1700, daß Stefter Schiffe von Steft nach Holland „auf und abfahren." S. o. S. 43 u. die Anmerkung hierzu.
3) Für die Stadt Würzburg kommen in Betracht die Wageordnungen vom Jahre 1708 und 1764.

legt, aber nicht gewogen werden. Dabei wurden aber die Frachtbriefe genau visitiert und auch kontrolliert, ob alle Zölle richtig gezahlt wurden. Alle Güter also, ob sie zu Land oder zu Wasser kamen, mußten erst im Waghaus oder „Kaufhaus", wie es in der Wagordnung mehrmals heißt, niedergelegt werden und ein Niederlagsgeld bezahlen. Leinen-, Tuch- und Zwillichstoffe wurden im Waghause nicht bloß gewogen, sondern auch besichtigt und besiegelt.

Überhaupt war in der Wagordnung ein großes Stück des lokalen Handels der Stadt Würzburg inbegriffen und würde der Name „Niederlagsordnung" hierfür besser gepaßt haben.

Verschiedene Observanzen liefen dabei mit unter, so daß z. B. von einer gewissen größeren Partie Stockfische, die im Waghause verkauft wurden, je 2 Stück vom Verkäufer und je 1 Stück vom Käufer ohne Bezahlung an die Hofküche abgeliefert werden mußten oder das Geld dafür.

Die Wagjura und das Hausgeld für die Kommissions- und Transitogüter bewegen sich in der Höhe von 2—4 Schillinge pro Zentner. (Dabei wird in der Tabelle zwischen Tonnengut, Zentnergut und Stückgut unterschieden.)

Einmal wird direkt der Ausdruck Marktrechtsgebühr gebraucht, nämlich im § 2 der Wagordnung, welcher lautet:

„Jeder Zentner Schmalz, welcher von Fremdherrischen oder Inländern auf dem Maine hier vorbey nach Frankfurt oder andere Orte geführt wird, gibt für das Marktrecht und Anerkenntnis des auf Verlangen schuldigen Aufsatzes 4 Pfennige."

Bei den gegebenen Verhältnissen bezüglich des Stapelrechts am Maine konnte ein so reformlustiger Fürst wie Friedrich Karl in seinem Bestreben, dem ansbachischen Handelsplatze Steft zuvorzukommen, nichts anderes thun, als an die Erweiterung der bestehenden Gerechtsamen denken.

Schon zehn Jahre vor der Einführung des Straßenzwanges zur würzburgischen Handelsstadt Kitzingen im Jahre 1727 versuchte es die Würzburgische Regierung mit einer Verschärfung des Stapelrechts.

Zunächst ließ die Regierung das alte Würzburger Marktrecht auf Holz und Holzwaren, dann das in der Wagordnung versteckte Marktrecht auf einige andere Güter, wie Gemüse, Schmalz und dergl. einer Prüfung unterziehen. Die Frage, was sich aus den herkömmlichen Stapelbefugnissen der Stadt machen ließe, führte bald zur Frage der Einführung einer Preistare für die stapelbaren Güter.

Es war Beschwerde geführt worden, daß die dem Stapelrecht unterworfenen Waren, ehe sie nach Würzburg zur stapelrechtlichen dreitägigen Niederlegung und Feilhaltung gebracht wurden, schon an einige unterhalb Würzburg gelegene Orte und ausländische Kaufleute um einen sehr hohen Preis verkauft worden seien, oft auf dem Wege des Scheinkaufes. Wenn dann die Schiffer und Flößer mit den stapelbaren Waren nach Würzburg zur Feilhaltung kamen, forderten sie unter Hinweis auf die Preise des stattgehabten Verkaufes einen so großen und exzessiven Preis, „daß kein Würzburger Bürger sich des zu seinem Besten errichteten Stapelrechtes zum Einkauf bedienen konnte". Diesem „zu Eludierung der Stapelrechtsschuldigkeit gemeinten Unwesen" will nun die Würzburger Regierung energisch entgegentreten und die Frage des Stapelrechts für alle Zukunft feststellen. Es wird im Jahre 1727 an die Regierungen in Passau und Mainz, an die Magistrate von Köln, Frankfurt, Speier und Regensburg um ein Gutachten geschrieben über den in Würzburg gegebenen Fall einer Umgehung des Stapelrechts, speziell über die Frage, ob nicht in solchen Fällen der Preissteigerung und Übernehmung der Bürger die stapelbare Ware der Verkäufer von Herrschafts wegen unparteiisch eingeschätzt und der Preis vorgeschrieben werden könne, da außerdem das Stapelrecht ohne jeden Effekt sei.

Diese Gutachten der einzelnen bedeutenderen deutschen Stapelplätze sind interessant und geben zugleich ein Situationsbild über die Ausübung des Stapelrechts in einer Reihe deutscher Handelsstädte im 18. Jahrhundert.

Mainz schreibt, es komme manchmal vor, daß für die den Rhein oder Main auf oder ab anher gebrachten Waren, wie z. B. Bauholz, Brennholz, Pfähle, Fässer, Krüge, Glas, Kastanien ꝛc. in der Hoffnung höheren Gewinnes oder auf Grund von auswärtigen Kontrakten mit unterhalb der Stapelstadt liegenden Städten ein so exklusiver Preis angesetzt werde, daß diese Waren durch die Bürger nicht zu kaufen seien. Wenn jedoch dergleichen kundbar und gehörigen Orts klagbar gemacht würde, so würde schon mit herrschaftlicher Strafe eingeschritten werden; man komme jedoch dadurch in der Regel zuvor, daß man bei den meisten der in Betracht kommenden Waren durch die dazu verordneten Rheinmeister und Geschworenen einen billigeren Preis einsetzen lasse. Wenn dann die Waren auf Grund dieses Preises während der 3 Stapeltage nicht verkauft seien, könnten sie wieder weiter fortgeführt werden.

Der Magistrat von Köln schreibt, daß bei dem uralten Kölner Stapelrecht diejenigen Waren, die auf diese Stadt ihren Weg richten, und von keinem Bürger dahin beschrieben und geführt werden, sondern von Fremden zum Verkauf gebracht werden, allhier die angesetzten Stapeltage, in welchen niemanden als Kölner Bürgern der Ankauf zukomme, halten müssen, nach Ablauf derselben aber das, was den Bürgern zu kaufen nicht angestanden, Andern, auch Ausländischen verkauft werden dürfe; „dabei wird jedoch, um einen sichern Preis zu bestimmen, und in demselben beschränkten Preis verkaufen zu müssen, nichts unternommen, dies vielmehr als eine der Freiheit und Fleur des Handels widrige und denselben störende Sache betrachtet, noch werden, wenn von oberrheinischen nach niederrheinischen Handelsplätzen oder umgekehrt die Waren durch die Stadt Köln versendet werden, nach ausgehaltenen Stapeltagen denselben die Durchfahrt um das Jus transmittendi nie verweigert noch gesperrt."

Die freie Reichsstadt Speier schreibt, daß der vorgelegte Casus niemals vorgekommen sei, auch sich nicht wohl ereignen dürfte, „indem die hiesigen Handelsleute diejenigen Waren und Güter, welche nach unserem privilego stapelbar sind, genugsam selbst fournieren, „sobaß hiervon ein Mangel nie eintrat und es folglich auch nicht notwendig gewesen war, die vorbeifahrenden Schiffe mit stapelbaren Waren zum Verkaufe anzuhalten. Nichtsdestoweniger aber muß, wenn ein Schiff mit stapelbaren Waren hier anlandet, der Patron die Fuhrleute allhier bezahlen, als wenn die Waren ausgeladen und in das Kaufhaus wirklich geführt worden wären, jedoch wird nach abgetragener Stapelgebühr nicht weiter aufgehalten. Wenn hingegen der in Würzburg akut gewordene Fall hier passiert wäre und die Stadt an den Gütern, welche stapelbar sind, Mangel haben würde, so würde sie sich sodann aller derjenigen Befugnisse, welche das Stapelrecht mit sich bringt, bedienen und in fraudem et praejudicium juris stapulae nichts vorsehen lassen"; schließlich glaubt Speier die Würzburger Regierung an Köln und Magdeburg empfehlen zu sollen, wo sie den casum in terminis eher finden könne.

Passau berichtet, daß in ihren Niederlagsbüchern nicht findig sei, „daß bei alt und vorigen Zeiten die Stadt Passau viel Not und Mangel an Consumptibilien gelitten habe, weshalb es nicht nötig gewesen, die Handelsleute vi juris stapulae allhier anzuhalten. Falls aber die Not, wie es denn zuweilen geschehen ist, solches erforderte, so hat die Stadt vermöge ihres Stapelrechtes nach Belieben den oder jenen mit implorierter Assistenz des hochfürstlichen Mauthamtes allhier anhalten lassen und genötigt, einen Teil der Waare abzulassen nach Proportion der führenden Quantität gegen billigen Preis, über den man sich erst vergleichen, den man aber auch in eventum von der landesfürstlichen Obrigkeit, wie hier in solchen Fällen ohnehin in vigore hat ansetzen lassen. Mit den übrigen Waren hat man aber den Mann gegen Revers und Bezahlung der Niederlage in Gottes Namen fahren lassen."

Regensburg schreibt, „daß zwar vi privilegii caesarii hiesiger

Stadt eine Niederlagsgerechtigkeit zukommt, solche jedoch in Consumptibilien und Viktualien bisher gar nicht, in anderen Waren aber, z. B. in Eisen, nicht so wie Würzburg meint, excercieret wird"; bezüglich des Salzes habe man sich mit Kurbaiern verglichen, der Würzburger Fall sei also hier nicht zutreffend.

Die Stadt Frankfurt schreibt, daß auf Grund ihres Stapelrechtes die Fremden, welche Wein, Branntwein, Frucht, Butter, Flöße u. dgl. anher bringen, drei Tage Feilschaft bieten müssen, damit die hiesigen Bürger von den Fremden sich zu ihrer Notdurft versehen können, „was aber Preistaxen betrifft, so ist solches schon gar lange Zeit nicht mehr in usu".

Die Würzburger Regierung fühlte sich durch diese Gutachten angesehener Handelsplätze nicht aufgemuntert zur Verschärfung des Stapelrechtes durch eine Preistaxe. Wir können im allgemeinen sagen, daß die Blütezeit der Stapelrechte in West- und Süddeutschland vorüber war, und daß es auch in Franken nicht viel genützt hätte, eine Verschärfung des Stapelrechts einzuführen.

Friedrich Karl hatte aber sicher die Absicht gehabt auch mit dem Stapelrecht dieselben Verschärfungsversuche zu machen, wie er es mit dem Straßenzwang und dem Geleitsrecht probiert hatte. Er wäre vermutlich trotz aller „capitulationes caesareae" viel weiter gegangen, wenn man nicht in Stest und in Ansbach ein scharfes Auge auf die handelspolitische Bewegung im benachbarten Hochstifte gehabt hätte. Später begnügte man sich damit, daß man das altherkömmliche Marktrecht auf Holz und Holzwaren durch Verordnung präzisierte und schärfer handhabte. Dabei wurde seitens der Flößer geltend gemacht, wenn auch das Recht der Stadt Würzburg altherkömmlich sei, so sei bis jetzt doch der Flößer selten gezwungen worden, thatsächlich drei Tage in Würzburg anzuhalten.[1])

In der Verordnung vom 7. Juli 1749, betreffend „das Marktrecht der Stadt Würzburg auf die von den Flößern durchgeführet werdenden Holzwaren", beruft sich der Oberrat auf ein uraltes Recht der gemeinen Stadt und bestimmte vor allem — was eine Neuerung war — daß auch das Floßholz selbst, welches nach Frankfurt und Mainz bestimmt war, die drei Feilschaftstage einhalten mußte. Wenn dieselben weiterfahren wollten, mußten sie bei dem hochfürstlichen Polizeigericht des oberen Rates darum nachsuchen und $\frac{1}{4}$ oder $\frac{1}{3}$

---

1) Ein Floßhändler z. B., der mit 100 (!) Knechten auf der Reise nach Frankfurt war, wurde jetzt angehalten, und dieser machte besonders dringliche Vorstellung um freie Durchlassung durch die Würzburger Brücke unter Hinweis auf die großen Kosten, welche ihm seine Knechte durch dreitägigen Aufenthalt verursachten, während man in Würzburg kein Bedürfnis nach Holz habe.

„ober wie der Stadt Notdurft hie und da erfordert" von ihren Waren ausladen und zum Verkauf zurücklassen. Bei den Flößern, welche ganze bestimmte Bestellungen und feste Ankäufe in Mainz und Frankfurt aufweisen könnten, sollte nach Befinden Dispens erteilt werden. Flößer, welche eigenmächtig fortfuhren, wurden strenge bestraft. Holzwaren, welche aus der Umgegend von Würzburg (8 Meilen im Umkreis) stammten, wurden einfach konfisziert. War das Stapelrecht ohne besondere Bedeutung im fränkischen „Kommerzienwesen" und in der Handelspolitik, so war das dritte Hauptgebiet der Handelspolitik, das Zollwesen, von um so größerem, von entscheidendem Einflusse auf den fränkischen Handel und insbesondere auf den Mainverkehr. Das Binnenzollwesen ist überhaupt — unserer Ansicht nach — der weitaus bedeutendste Faktor im deutschen Handel der vorigen Kulturepoche vom Ausgang des Mittelalters bis zum 19. Jahrhundert, viel einflußreicher als die Entdeckung Amerikas, des Seeweges nach Ostindien u. a.[1])

Schon Kaiser Siegmund ruft in seiner „weltlichen Reformation" unwillig aus:

„Man soll auch wissen, daß alle Land gar schwerlich übersetzt seien mit Zöllen. Auf jeglichem Stand ist schier ein Zoll".

In einer gegen dieses Unwesen veröffentlichten Staatsdenkschrift des Kurfürsten Max III. von Bayern[2]) aus dem Jahre 1792 heißt es unter anderem:

„Der Landmann darf kaum einen Fuß aus seinem Hauße setzen, wenigstens kommt er nicht weit, ohne eine Mauth- oder Beizollstatt zu betreten, wo er sich nicht nur im Ausgang, sondern auch im Heimgange auslösen und abfinden muß; selten gibt es eine Route,

---

1) Noch im 19. Jahrhundert, als die Entwickelung der Technik der ausschlaggebende Faktor für den Handel geworden war, ist das Binnenzollwesen für die deutsche Volkswirtschaft noch lange Zeit von der größten Bedeutung gewesen.

2) Unter dem Titel: „Systematischer Plan zur gesetzmäßigen Benützung des Zollrechts deutscher Länder, besonders im Kurfürstentum Bayern, entworfen auf landesherrlichen Befehl" 1792 im Druck erschienen.

Näheres über das deutsche Binnenzollwesen im 18. Jahrhundert siehe Falles Geschichte des deutschen Zollwesens, Biedermann a. a. O., besonders aber Büsch, Darstellung der Handlung (im II. Band einiges über die Zollverhältnisse auf den deutschen Flüssen), dann Gasser, Ludovici, Ulmenstein, Wissels Geschichte des deutschen Zollwesens, u. a.

Die neuere Litteratur schöpft zumeist aus der älteren gedruckten Litteratur und da gehen die oft unrichtigen Angaben aus einem Buch in das andere über. Die Schilderungen über das deutsche Zollwesen (wie auch viele Arbeiten auf dem Gebiete der Handelsgeschichte überhaupt) sind deshalb mit Vorsicht aufzunehmen.

worauf nicht der Fuhrmann oder Wanderer alle zwei Meilen Wegs anhalten und den Beutel ziehen und dazu die besten Worte geben muß, um nur nicht lange warten zu müssen." Außerdem lagen viele Zollstätten nicht an der Straße oder waren nicht leicht erkennbar.

„Der Fremde mußte deshalb," sagt jene Denkschrift, „stets zitternd fortwandeln, voller Sorge, daß er ja keinen Zollstock vorbeigehe, als welches ihm unmittelbar seine Hab kostete."

Der Vergleich mit dem Raubrittertum findet sich auch nicht selten.

Eine vollständige Geschichte des fränkischen Zollwesens zu geben ist nicht der Zweck dieser Studien. Die Einrichtung des würzburgischen Zollwesens läßt sich bis zum Jahre 992 zurückverfolgen, ob aber eine Darstellung dieser Entwickelung möglich ist, ohne daß große Lücken mit unterlaufen, wagen wir zu bezweifeln.

Die wichtigste Nachricht speziell von dem Mainzollwesen ist die Aufhebung der widerrechtlichen Mainzölle durch Kaiser Friedrich im Jahre 1157.[1]

Am 6. April 1157 schaffte Friedrich I. zu Worms alle Mainzölle ab[2] von Bamberg bis Mainz, außer den dreien: Neustadt, Aschaffenburg und Frankfurt. Als er von Italien zurückkehrend nach Würzburg kam, sagt der Kaiser in seiner Entscheidung, habe er viele Klagen der Bürger- und Geschäftsleute Würzburgs anhören müssen, und zwar deshalb, weil von Bamberg bis Mainz neue und ungewohnte — omnique ratione carentia — Mainzölle (thelonea) gefordert wurden. Da der Kaiser nun darin seine Aufgabe sieht, „injuriam patientibus praebere solatium", so verordnet er „ex judicio principum" daß alle Herrschaften, welche auf dem Maine Zölle erheben, ihre Rechte hierzu ihm nachweisen müssen und alle Zölle, welche nicht auf kaiserlichem und königlichem Privileg beruhten, sollten fortan ab= geschafft sein. Da nun keiner der Zollerheber kam und sein Recht nachwies, so verordnete der Kaiser, daß alle Zölle aufgehoben sein sollen, außer bei Neustadt am Main (immer im Monat August 7 Tage vor Maria Himmelfahrt und 7 Tage nachher, und zwar von allen neuen Schiffen je 4 denarii), bei Aschaffenburg und bei Frankfurt, welches ein kaiserl. Zollprivileg habe. Dieses Verbot der Zollerhebung galt für alle Kaufleute „per mogum transcendentes seu per ripam fluminis, quae via regia esse dinoscitur, funes trahentes." — Als Strafe wird 100 Pfund auri optimi festgesetzt und imperatoria proscriptio. —

---

[1] Siehe auch Jäger: Geschichte des Frankenlandes 2. Band S. 345 ff. 1807.
[2] Mon. Boic. vol. 29 („ex autographo Bambergensi et Würzb.").

Schon im 14. Jahrhundert jedoch erfahren wir aus den Urkunden von anderen Mainzöllen, als jenen dreien, und spielte darunter besonders der Zoll von Hallberg (jetzt Hallburg bei Volkach) eine bedeutende Rolle. Diese sehr günstig gelegene Zollstätte hatte mehrere Zollherren. Nach einer Urkunde vom 16. Juli 1339[1]) vermachte die Familie des Johann Fuchs von dem Swanberge ihren Anteil an Hallberg und damit auch den Mainzoll daselbst dem Bischof Hermann von Würzburg. Nach einer Urkunde vom 15. Dezember 1342[2]) verkauften die Burggrafen Johann und Albrecht zu Nürnberg ihren Anteil an der Feste Hallberg und den Zoll daselbst an das Hochstift Würzburg. Laut Urkunde vom 2. Juni 1343[3]) belehnt Kaiser Ludwig das Hochstift mit dem von den genannten Burggrafen ihm aufgegebenen Drittel des Mainzolles zu Hallberg.[4])

Über das weitere Schicksal des Hallberger Zolles erzählt Fries[5]), der Geschichtsschreiber des Frankenlandes, daß das Amt Hallberg 1356 an die Zöllner verpfändet wurde, welche im 15. Jahrhundert ihren Sitz in Rimpach, unweit Obervolkach hatten. Ihr Name — fügt Fries bei — leitete sich wohl von dem bei Hallberg bestandenen Mainzoll ab, welcher Reichslehen war.

Zu Merians Zeiten[6]) ist Hallberg „ein eingezogen würzburgisch Lehen, den Zollnern von Hallberg zugehörig; a Francisco Episcopo ist es Wernern Schenken von Stauffenberg verliehen".[7])

Als weitere Beispiele für die Vermehrung der Mainzölle und der Umstände, unter denen sich dieselbe vollzog, mögen folgende Mitteilungen dienen.

Laut Urkunde vom 15. Februar 1353[8]) verkaufte Bischof Albrecht den halben Stadt-, Thor- und Mainzoll, den er zu Würzburg besaß, an das Domkapitel um 100 Pfund Heller unter dem Vorbehalt des Wiederkaufs.

In einer Urkunde vom Jahre 1397 wird der Stadt Heidingsfeld bei Würzburg durch König Wenzel ein Zollrecht verliehen und zwar „von einem geladenen Wagen 4 Pfg.,

---

1) Mon. Boic. vol. 39.
2) „ „ vol. 40.
3) „ „ vol. 40.
4) Der Begriff „aufgeben" besagt, daß die Burggrafen das Zolllehen, das sie vom Kaiser hatten, dem Kaiser wieder zurückgeben mit der Auflage, dies Lehen nunmehr dem Hochstift Würzburg zu übergeben. Das Zollregal war also damals noch kaiserlich.
5) Fries: Chronik S. 475.
6) Merian: Topographia Franconiae.
7) „qui est Consiliarius und Praefectus Würtzeburgensis in Kitzingen."
8) Mon. Boic. vol. 42.

von einem geladenen Karren 2 Pfg.,
„ „ Pfund Eysen auf dem Main 2 Pfg.,
„ „ geladenen Schiff ein Ort eines Guldens; das dreyßigste vom Holz auf dem Mayne, es sei groß oder klein,
von einem Schwein 1 Heller,
„ einer Kuh 1 Pfg."
Dafür verpflichtet sich die Stadt Heidingsfeld, das durch das Zollrecht eingehende Geld lediglich auf Befestigungsarbeiten zu verwenden.

Schon im darauffolgenden Jahre 1398 stoßen wir abermals auf eine Mainzollbegründung durch König Wenzel.

König Wenzel „begnadigt" mit Einwilligung des Bischofs Gerhardt den Dietrich von Bickenbach mit der Erhebung eines Land- und Wasserzolles zu Wernsfeld für geleistete Dienste.[1]

Kaiser Karl IV. verpfändete[2] im Jahre 1360 den Zoll zu Steinheim und erhöhte ihn zugleich bei dieser Verpfändung, und im Jahre 1376 erteilte er dem Grafen Götz oder Gottfried von Hohenlohe das Recht, den Zoll von allen Handelswaren zu erheben, besonders zu Breit am Main, zu Leimbach, zu Aue und zu Ostheim.

Der Bischof von Würzburg erhielt das Zollrecht von Konrad dem Salier.[3]

Kaiser Wenzel erteilte im Jahre 1379 den Bürgern der Reichsstadt Schweinfurt die Freiheit vom Zolle, sowohl in der Stadt Schweinfurt, als im ganzen Frankenlande.[4]

Kaiser Friedrich III. verlieh im Jahre 1463 den Bürgern der Reichsstadt Rothenburg an der Tauber die Freiheit vom Zolle zu Würzburg.[5]

Im 15. Jahrhundert nimmt diese auf der Schwächung des Kaiser-

---

[1] Und zwar darf er erheben „von jedem Pfund Eysen einen alben turnos",
„item von einer Tunnen heryngez einen alben turnos,
„ einem Schiff mit Holz oder Kohlen, das den Mayn auf und abgeht zwei albe turnos,
„ einer Malder Habern zwei gute Würzburger Pfennige,
„ „ „ Korn drei „ „ „
und auch sust von jeglicher anderer Kaufmannschaft, die daselbst den Mayn auf oder abgeet einen alben turnos noch Marktzal und uf dem Lande von jedem Pferde, das in dem Wagen oder Karren geet und Kaufmannschaft führet für Wernsfeld drei gute Würzburger Pfennige zu nemen, den er und seine Lehnserben von mir und dem Reiche zu rechten Lehen unwiderruflich haben soll." Mon. Boic. vol 44.
[2] Lünigs Reichsarchiv pars specialis II. Forf. 6. Abth. Ziff. 29 § 2.
[3] Ebenda IV. 1. Ziff. 6.
[4] „ II. in dem Titel „Schweinfurt" Ziffer 13.
[5] „ II. Titel „Rothenburg" s. T. Ziffer 13.

tums beruhende Entwickelung ihren ebenmäßigen Fortgang. Der Kaiser Sigmund verleiht z. B. im Jahre 1422 der Stadt Heidingsfeld ein neues Zollprivileg.

Dagegen übernimmt die Stadt abermals die Verpflichtung sich mit Thürmen und Gräben zu versehen. Dies Privileg soll dauern, bis es widerrufen werde.

1408 erhielt Graf Johann von Wertheim Münze, Zoll, Geleitsrecht und Judensteuer zu Kreuzwertheim vom Reiche zu Lehen.[1])

Wie die große Anzahl der Zölle in Franken während des Mittelalters eingeführt wurde und wie speziell die zahlreichen Mainzölle nach jener Reform Kaiser Friedrichs entstanden, dieser Prozeß könnte also, wie die wenigen vorstehenden Beispiele aus dem Mittelalter zeigen nur an der Hand der ganzen politischen und staatsrechtlichen Entwickelung Deutschlands dargestellt werden. Manche Zollherren wären bei einer neuen kaiserlichen Prüfung der Privilegien wohl ebensowenig erschienen wie die Zollherren v. J. 1157. Aber auch in der von uns ins Auge gefaßten Zeit, der Mitte des 18. Jahrhunderts ist dieser Prozeß in Franken noch nicht abgeschlossen, obwohl jetzt die Erhaltung des Bestehenden zum Wesen der Reichsverfassung geworden war. Auch jetzt finden wir noch zahlreiche Klagen über „reichskonstitutionswidrige Neuerungen",[2]) Klagen, daß trotz des reichsgesetzlichen Verbotes neue Zölle eingeführt und alte erhöht würden. Oft sind es auch hier versteckte Neuerungen z. B. mittels der erlaubten Errichtung von Zollstätten an Schleichwegen (Wehrzölle).

Das fränkische, speziell das hochstiftliche Zollwesen wie es sich im Verlauf der Geschichte entwickelt hatte und sich im 18. Jahrhundert uns darstellt, war eine ganz komplizierte Einrichtung. Die Grundlage des ganzen Zollwesens bildete die hochstiftliche Zollrolle.

Die Ausdehnung des betreffenden Zollprivilegiums war nämlich durch eine Zollrolle bestimmt, deren Bestimmungen aber durch das Herkommen meist so verändert wurden, daß die Zollrollen von Zeit zu Zeit neu gedruckt erschienen.[3])

Es ist jedoch zu unterscheiden, zwischen denjenigen Hauptzollstätten (die Mainzölle!), bei welchen das Zollprivilegium sich auf alle oder

---

1) Über den Breiter Wasser- und Landzoll der Grafen v. Castell und Limpurg s. Plochmann a. a. O.

2) So zieht sich durch die würzburgischen Hofkammerprotokolle der 50er Jahre ein Prozeß gegen das Kloster Theres am Main, welches einen Wasserzoll behauptete „non possessione quieta, sed litigiosa." Dieser Prozeß wurde schließlich beim Reichskammergericht in Wetzlar geführt.

3) Die Zollrollen des Hochstifts Würzburg sind auf der Würzburger Universitätsbibliothek erhalten, siehe hierzu bes. Oberthürs Taschenbuch für das Jahr 1798.

fast alle Güter erstreckte und bei welchen deshalb die Zollrolle in Anwendung kommen konnte und den anderen Zollstationen, die nur ein bestimmtes Zollgeld oder einen Zoll nur auf bestimmte Güter z. B. Wein („Guldenzoll") inne hatten.

Auf der Zollrolle war eine überaus große Zahl von Gütern als zollpflichtig verzeichnet und bei jedem Artikel das zu entrichtende Zollquantum angemerkt. Diejenigen Güter, welche nicht eigens aufgeführt waren, galten als Zentnergüter und mußte bei diesen unterschiedlos 3 Pfg. per Zentner gezahlt werden.

Das Studium der Zollrollen ließ keine höheren Gesichtspunkte erkennen, hinsichtlich der Festsetzung des Zollsatzes oder der Entlastung einzelner Waren.

Weder volkswirtschaftliche noch sonstige kulturelle Erziehung des Landes und des Volkes sprechen aus diesen Zolltarifgesetzen bezw. Gerechtsamen, der Zoll war lediglich eine Kameralrevenue.[1])

Das Hochstift Würzburg besaß 12 Wasserzollstätten[2]) zunächst zu Eltmann (Haupt- oder Anzoll), dann Haßfurt, Mainberg, Vollach, Kitzingen, Würzburg; von hier abwärts des Mains: Karlstadt, Karlburg, Zwing, Gemünden[3]) Rothenfels, Homburg und Freudenberg. (Die letzte Haupt- oder Anzollstätte.)

Dieselben trugen (außer Würzburg) nach einer Mitteilung in den Kommerzienkommissionsakten um die Mitte des 18. Jahrhunderts an Zöllen im Durchschnitt jährlich ein:

1. Freudenberg \
2. Homburg      / fl. 3612
3. Rothenfels     „ 1815
4. Gemünden     „ 1897

---

1) Mit Recht sagt Hüpeden in seinem Aufsatz über den Rheinhandel in Schlözers Staatsanzeiger Bd. I Heft 1.:
„Der Zoll, dieses herrliche Mittel in der Hand des Regenten, um die Handlung, die Bedürfnisse, den Luxe und — ich hätte bald gesagt die Tugenden und Laster seiner Bürger — denn Leib und Seele sind ja doch sehr nahe mit einander verwandt — nach seinem Gefallen zu leiten, ist für uns nichts mehr und nichts weniger als eine bloße Kameralrevenue."

2) Hinsichtlich der Ausdehnung des Zollregals sind Wasserzölle und Landzölle zu unterscheiden. Die ersteren, die Mainzölle, waren die wichtigsten. Zu den oben erwähnten Mainzöllen kamen noch am Obermaine zwei Bambergische Zölle in Lichtenfels und Hallstadt. Die churmainzischen Main-Zölle waren in Lohr, Prozelten, Miltenberg, Klingenberg, Aschaffenburg, Steinheim, Höchst und Mainz. Frankfurt hatte sein Zollrecht schon von Kaiser Karl IV. 1877 erhalten. Dazu kamen noch die Mainzölle der kleineren Stände.

3) Von Gemünden wird auch erwähnt, daß dortselbst eine beträchtliche Naturalabgabe von dem auf der Sinn geflößten Holz erhoben werde, namentlich wenn dasselbe für Hanau und das Ausland bestimmt sei.

| | | |
|---|---|---|
| 5. Zwing | fl. | 2127 |
| 6. Karlburg | „ | 1099 |
| 7. Karlstadt | „ | 2098 |
| 8. Kitzingen | „ | 2239 |
| 9. Volkach | „ | 609 |
| 10. Mainberg | „ | 1165 |
| 11. Haßfurt | „ | 685 |
| 12. Eltmann | „ | 414 |
| | fl. | 20270 |

Es fällt einem bei Betrachtung des Würzburgischen Wasserzollwesens sofort auf, daß Würzburg in der Enklave Freudenberg eine sehr günstige Anzollstätte hatte; die Lage dieser Anzollstätte war nämlich in den Gebieten, in welchen kein Grenzzollsystem bestand und keines bestehen konnte, von Wichtigkeit.

Wenn der erste Zoll eines Territoriums[1]) auf einem schiffbaren Strome sich zunächst bei der Grenze oder vor der Grenze des Landes befand, so konnten die Zollbeamten sich die Fracht- und Ladungszettel zeigen lassen und darnach alle — auch die zollfreien — Waren welche das Schiff geladen und welche der Schiffer „in qualitate und quantitate" nebst dem Bestimmungsort anzugeben hatte, selbst genau untersuchen und in zwei gleichlautenden Zollzetteln aufzeichnen; von diesen wurde der eine dem Schiffer zugestellt, welcher dann den folgenden Zollstätten des Landes zur Kontrolle dienen konnte, ob etwas von den geladenen Waren seit dem ersten Zolle ausgeladen und in das Land geschafft worden war.

Wenn aber der erste Zoll des Territoriums auf diesem Strome nicht gleich bei der Grenze befindlich war und z. B. etwa 1 bis 2 Meilen von der Grenze entfernt lag, so konnten viele Zollbefraudationen vorkommen.[2])

Wie wichtig mußte es demnach für das Würzburgische Territorium sein, daß das Land eine Enklave am Maine in Freudenberg hatte. Dadurch wurde es ermöglicht, die Schiffer schon vor Passierung der Grenze zu kontrollieren. Die handelspolitische Wichtigkeit verleitet uns zu der Vermutung, daß der Erwerb von Freudenberg überhaupt nur aus zollpolitischen Gründen von Würzburg angestrebt und der

---

1) Wissel a. a. O.
2) In diesem Falle war es üblich, daß gleich bei dem Anfang der Grenze des Landes an dem Ufer ein Zollaufseherhaus gebaut wurde, wo die Schiffe anlanden mußten, und wo sie von den dazu verordneten Zollbeamten genau visitiert wurden. Alle Waren, welche das Schiff geladen hatte, wurden in ein Verzeichnis gebracht, das die Schiffer der ersten Zollstätte des Landes auf dem betreffenden Strome bei Erlegung des Zolles vorzuzeigen hatten (Wissel a. a. O.).

Besitz dieses Platzes aus denselben Gründen so zähe verteidigt wurde.¹)

Zu den Wasserzollstätten kam nun noch eine große Anzahl von Landzollstätten an den Landstraßen.²) Verschiedene Landzollrechte zugleich hatte Würzburg unter anderem in Kitzingen (Guldenzoll, Landzoll, Turnuszoll, Wegzoll, Brückenzoll, Chausseegeld und Wegpflastergeld); Altmannshausen (Guldenzoll, Wegzoll, Landzoll, Chausseegeld); Marktbibart wie in Altmannshausen, nur kein Chausseegeld (die Nürnberg-Würzburger Güter frei, dagegen nicht die Regensburger, Augsburger, Salzburger, München-Würzburger Güter); Iphofen sog. „Landturnzollhaus", (Guldenzoll, Landzoll, Chausseegeld und Weggeld); Ingolstadt (im Ochsenfurter Gau) dem Amt Neuburg einverleibt, (Gulden-, Weg-, und Landzoll, von dem Amt Marktbibart verrechnet; einen Kondominatorszoll mit Schwarzenberg hatte das Hochstift in Krautostheim, Amt Neuburg einverleibt); einen weiteren mit Schwarzenberg in Herbolzheim (Amt Neuburg einverleibt); einen Kondominatorszoll ohne weitere Benennung mit Ansbach in Uffenheim (Amt Neuburg einverleibt); ein Zollkondominat in Röbelsee und Mainstockheim; Wehrzölle in Bürklingen, Unterambach u. a.

Die vor- und untenstehenden Angaben finden sich in den Akten im Zusammenhange aufgeführt. Außerdem finden sich eine Reihe von Anhaltspunkten über Landzollstätten in den Akten zerstreut. Erwähnt wird z. B. ein Würzburgischer Guldenzoll in Ochsenfurt, in Rottendorf, in dem ansbachischen Orte Saalbach, in Sulzthal (Amt Trimperg), in Arnshausen, Mainstockheim, in Kloster Heidenfeld, in Reppernddorf, in Eftenfeld, in Mechtilshausen (Amt

---

1) Es spielen eben gar oft in kleinen wie in großen Dingen der politischen Geschichte die klingenden Interessen eine oft ganz versteckte hochwichtige Rolle; so kann es z. B., wenn man den Grundsatz: cujus regio ejus religio im Auge behält, ganz gut sein, daß ein deutscher Ort vielleicht eines Wasserzolles wegen protestantisch oder katholisch ist.

2) „Land- oder Thurnuszollstätten" hatte das Würzburgische Territorium nach einem Spezialakt an nachfolgenden Plätzen: Arnstein, Alfleben, Altmannshausen, Aubstadt, Berlach, Böttigheim, Braidbach, Burgwinheim, Bischofsheim, Burckhatzlach, Dinkoltzhausen, Donnersdorf, Ebern, Eltmann, Eßleben, Fahr, Gaubüttelbrunn, Gelchsheim, Haßfurt, Heustreu, Herboltzheim, Hammelsteig, Homburg, Hillersdorf, Hollstadt, Holz-Kirchhausen, Ingolstadt, Iphöfer-Landsthurn, Karbach, Karlstadt, Kitzingen, Krautostheim, Königshofen, Lengfurt, Marktbibart, Marktheydenfeld, Mellerichstadt, Mainberg, Michelau, Neustadt, Neubrunn, Oberschleichach, Oberschwarzach, Rettersheim, Retzbach, Riedenheim, Rittershausen, Rottenfels, Stettfeld, Stadtschwarzach, Stockheim, Schlüsselfeld, Saal, Sulzfeld, Schönaich, Sondershofen, Unterambach, Unterwittbach, Wollbach, Wiebelsbach, Wülstershausen, Zwing, Zeller Thor (Würzburg).

Trimperg), in Gössenheim (bei Homburg), in Buchbrum, in Oberschwappach, in Simringen, Neunkirchen, Giebelstadt, Hirschfeld, (bei Schwanfeld), Plaufelden, Wiesenbach (ansb.), Obervollach, Trimperg, Oberschwarzach, in Gernach, Untereisenheim, Güntersleben, in Dettelbach, Bühler; Gulden- und Wegzoll in Gaubüttelbrunn, ein Kondominat-Guldenzoll in Sommerhausen (Würzburg ³/₄ und Ansbach-Bayreuth ¹/₄ des Ertrags), ein Gulden- und Wegzoll zu Stettfeld (Eltmann), ein Gulden- und Wegzoll zu Stadtschwarzach und Haßfurt, ein Gulden-, Weg- und Landzoll zu Lengfurt, ferner ein „Zoll" in Riedbach, Haußen, Gerlachsheim, Schwarzenau, Preppach, Tauberrettersheim, Oberleimbach, Güßingen, (Bütthardt), Halsheim, (Arnstein) Eichernddorf, Röttingen, Nüblingen, Roßbrunn, Waldaschach, Ettleben, Prosselsheim, Manungen, Eltingshausen, Hundsbach, Zollstätten auf der Meininger Straße waren: Münnerstadt, Neustadt, Heustreu, Mellrichstadt; auf der Königshöfer Straße: Diepach, Schwanfeld, Hergoldshausen, Sulzfeld, Königshofen. Auf der Leipziger Straße tritt der Zoll in Hillersdorf hervor.¹)

Besondere Schwierigkeiten boten die Kondominatzollstätten, namentlich die 5 Ortszölle, welche mit Brandenburg-Ansbach gemeinschaftlich waren.

Einmal wird auch ein „Oberzöllnere" erwähnt, nämlich für Königshofen im Grabfeld, und gelegentlich des Zolles zu Riedbach heißt es, früher sei nur ein „Zollhüter" hier gewesen, jetzt sei aber der Zoll in Bestand gegeben.

Von einem Domkapitelschen Zoll in Willantsheim wird gesagt, daß dessen Betrag nur 6 fl. jährlich sei.

Die Stadt Würzburg selbst hatte natürlich auch mehrere Zollstätten, zunächst an den Thoren, und werden hier besonders der Sanderthorzoll und der Renwegerthorzoll genannt.²)

---

1) Die Zollstätte in Hillersdorf liefert einen ganz eigentümlichen Beweis dafür, daß ein Zoll oft in Ortschaften erhoben wurde, die sonst keine Bedeutung hatten, als daß eben hier eine Zollstätte war. Es heißt nämlich von diesem Orte in jener bereits citierten Reisebeschreibung im fränkischen Merkur: „Der eigentliche Name dieses kleinen Ortes ist Hillersdorf. Da aber das Hochstift Würzburg hier von allen durchpassierenden Gütern Zoll erhebt, so verschlang die Benennung „Zoll" die ursprüngliche." (Fränk. Merkur a. a. O.).

2) Was es mit dem Mainzoll in Würzburg für eine Bewandtnis hatte, vermögen wir nicht genau anzugeben. In einem Hoffkammerprotokoll v. J. 1782 wird daran erinnert, daß Bischof Albrecht an das Domkapitel um 600 fl. Heller den ²/₃ Mainzoll „bei Würzburg in der Büttnersgasse und am Markte", um 100 fl. Heller den ¹/₃ Zoll „unter den Thoren und auf dem Maine daselbst" verkauft habe.

Über das Zollwesen der anderen fränkischen Territorien s. bezüglich Ansbachs

Schon die vorstehenden Mitteilungen über das Zollwesen im Hoch=
stift Würzburg, die ein Seitenstück zu den oben angeführten Geleits=
rechten des Ansbachischen Territoriums liefern sollen, geben dem Kenner
des Landes einen Begriff davon, wie ausgedehnt, unorganisch und
willkürlich das Zollwesen in einem kleinen offenen Territorium des
alten deutschen Reiches sein konnte. In Wirklichkeit war die Zahl der
Zollstätten sicher eine noch größere als unsere Sammlung aufweist, und
kann man wohl ohne Übertreibung behaupten, daß das ganze Land von
Aschaffenburg bis Bamberg mit Zollstätten übersät war. Aus dem Boden
der Geschichte emporgewachsen, stellten diese zahlreichen, zerstreuten Zölle
thatsächlich nichts anderes dar als „Revenuen".

Von den einzelnen Zollarten sind Turnuszoll und Landzoll,
Guldenzoll und Judenleibzoll nicht überall in Deutschland verbreitet,
andere wieder mit anderen Gegenden gemeinsam.[1]

Als Turnuszoll wurde erhoben pro Pferd $^{1}/_{2}$ Schilling, und
zwar für die ganze Reise hin und zurück.

In der Würzburgischen „Instruktion, wie sich die Wegzöllner in
Einbringung des Zolles zu verhalten haben," vom Jahre 1746 heißt es:
„Was in anno 1667 wegen der Land= und Thurnzollzeichen für
Verordnung bestehen, nämlich, daß selbige nicht auf die Güter und
Waaren, sondern nur allein auf des Fuhrmann sein Pferd, als auf
jedes ein halber Turnus oder drey Pfennig im Hochstift nur einmal
soll gezahlet und der Fuhrmann in seiner begriffenen Reise an allen
und jeden Zollstätten, soviel er deren immer beträte, soviel die Pferde
betrifft damit frey passiret werden, dabey hat es nachmals sein unver=
änderliches Bewenden."

Ein ähnliches „Bewenden" hatte es mit dem „Landzolle", der
auch nur einmal im Fürstenthumme bezahlt wurde und zwar mit 3
Heller von jedem Pferde.

Bei dem „Wegzolle" dagegen sollte der Zoll nach der Zollrolle
erhoben werden, doch wurde gewöhnlich nach der Zahl der Anspann=
pferde gezahlt und zwar bei gutem Wege 5 Schilling = $13^{4}/_{10}$ Kr. rh.
von jedem Pferde, bei schlechtem Wege 4 Schilling = $10^{7}/_{10}$ Kr. rh.

Ein besonders stark verbreiteter Zoll war der Guldenzoll.[2]
Man trifft denselben ebenso häufig in Franken, wie am Rheine.

Die Fürstbischöfe von Würzburg behaupteten seit 1468 auf Grund

---

die Sammlung der Landesverordnung Kap. „Zoll". In Nürnberg wurde der
Prozentzoll, der Güterzoll und der Zentnerzoll erhoben. Näheres f. Ludovici
a. a. O. Frankfurt hatte einen Guldenzoll (schon seit 1377) und einen Mainzoll.

[1] In anderen Gegenden Deutschlands waren vielerlei andere Gattungen der
Zölle ausgebildet. Näheres f. Ludovicii a. a. O. Büsch a. a. O.

[2] Schöpf a. a. O. und Winkopp: Der Rheinische Bund (1810) Bd. XIV.

eines Privilegiums von Kaiser Friedrich III. „außer den Rechten und Privilegien der Vortragung des bloßen Schwerts und des erzbischöflichen Kreuzes die besondere kaiserl. Vergünstigung des goldenen Zolles, oder wie er in der gemeinen Sprache genannt wird des Guldenzolles."

In der Verleihungsurkunde wird dem Hochstift erteilt die „Concessio per Ducatum Franconiae exigendi Thelonii ut vocant aurei, vigore cuius Episcobus herpibolensis eiusque successores, aut vice gerentes de quolibet plaustro vini perpetuo unum florenum et de situla vini aut qualibet alia undica vini quantitate pro rata praescriptae solutionis petere exigere et percipere possint et valeant et in usum suum Ecclesiaeque convertere: quae solutio ab omnibus et singulis undecumque per orientalem Franciam Diocesis-Herpibolensis huius modi vinum duxerint tam per terram quam per aguas, sive Navigationes, sive et qualibet alia causa, sine contradictione et impedimento peti exigi, percipi et levari possit."

Über das Wesen des Guldenzolles und über die Art seiner Handhabung im Würzburgischen orientiert uns eine hochfürstliche „Instruktion", wie sich die Guldenzöllner in Erhebung und Einbringung des Zolls zu verhalten haben.[1])

Der Ertrag des Guldenzolles floß jedoch nicht ohne weiteres in die hochfürstlich-würzburgische Kasse. Wie aus dem Hofkammerprotokoll vom Jahre 1752 hervorgeht, war der ⅛ Teil des Guldenzolles verpfändet an den Markgrafen von Brandenburg-Kulmbach und ein

---

1) Da heißt es nämlich:

„Wollen Seine Hochfürstl. Gnaden, daß es mit dem Guldenzoll bei dem alten Herkommen verbleibe, folglich erhoben werde vom Fuder Wein ein rheinischer Goldgulden oder anderthalbe Gulden fränkisch, vom halben Fuder 21 Schilling vom Eimer 21 neue Pfennig und also proportionirlich vom halben Eimer und vom Achtel, zu dem Ende dann nicht allein fübrige und eimerige, sondern auch Halb- und Achtelseimerige Zeichen verfertigt auch alle Quartel mit einem absonderlichen Stampf gezeichnet und bey den Zollstätten den Käufern oder abführenden Teil gegen Erlegung des Zolls nach Proportion der Labung abgegeben werden.

Gleichwie auch von dem Bier der halbe Zoll, nämlich vom Fuder 3 Ortsgulden, also ist von den Branden- und spanischen Wein der doppelte Zoll, nämlich vom Fuder 3 Gulden fränl. und also proportionirlich vom Eimer und Achtel zu nehmen und dabei alles das, so von gemeinen Weinen in dieser Instruktion verordnet, zu beobachten.

Nachdem auch der Guldenzoll von allem Getränk, so in dem Stift wächst, es bleibe gleich im Land oder nicht, an dem Orte der ersten Ab- oder Durchfuhr einmal zu nehmen ist, also und gleichergestalten ist solcher von demjenigen Getränk so außer dem Stift gewachsen und von fremden Orten her durchgeführt, oder im im Stift niedergelegt wird wo es die erste Zollstabt berührt, zu erheben."

weiteres ⅛ an den von Brandenburg-Onolzbach. In dem erwähnten Jahre fanden Verhandlungen statt, indem der erstere Markgraf bereit war, den verpfändeten achten Teil des Guldenzolles von Würzburg wieder auslösen zu lassen. Auch Onolzbach war nicht abgeneigt, doch sollte die Würzburger Regierung gleichzeitig eine Anleihe von 100 000 fl. zu 4% an die Brandenburgischen Häuser gewähren. Es sollte dann der Ertrag der letzten 15 Jahre zu Grunde gelegt werden. Beide Brandenburgische Häuser hatten in den letzten 15 Jahren 30319 fl. rh. durch ihren Anteil von dem Guldenzoll vereinnahmt. Der Rezeß für die Verpfändung datierte vom Jahre 1468.

Die Würzburger Hofkammer ist sehr dafür, daß dies Geschäft abgewickelt werde, damit nicht fremdherrische Räte und Offizianten bei jedem Quartal-Zollabschluß der Würzburger Regierung beisitzen und die Zollrechnungen nachrevidieren.

Schließlich sei noch eine Verordnung erwähnt,[1] aus welcher hervorgeht, daß die Kaufleute bei Bezahlung des Juderzolles von 1 fl. auf jedes Fuder Wein 15—16 Eimer durchzuschmuggeln pflegten, während nur 14 Eimer gesetzlich passieren durften.

Bezüglich des Bier-Guldenzolles finden sich späterhin Differenzen. In einem Hofkammerprotokoll wird ausgeführt: Auch vom Bier wurde ½ fl. Zoll erhoben, allein es sei zweifellos, daß dieser Zoll nicht in dem privilegio Fridericiano enthalten, also eine Neuerung sei. Doch sei das Bier nach der allgemeinen Observanz ein zollbares Gut und in allen Ländern mit einem hohen Zoll belegt. Daß aber der Bierzoll gerade der Guldenzollinstruktion einverleibt wurde, habe lediglich darin seinen Grund, daß man den Zoll auf alle Getränke in einer Instruktion beisammen haben wollte. Auch in Mainz, welches gleichfalls mit einem Guldenzollprivilegium versehen sei, werde es so gehalten und auch hier der ½ Guldenzoll gegen Verabreichung der Guldenzollzeichen erhoben, nur mit dem Unterschiede, daß im Mainzischen der Goldgulden mit 2 Gulden, im Würzburgischen mit 1½ Gulden fränkisch angesetzt sei.

Wenn also auch kein besonderes Privilegium für den Bierzoll vorhanden sei, so befinde sich das Hochstift in antiquissima possessione, den Bierzoll ad exemplum des Guldenzolls zu erheben. Der Bierzoll müsse schon vor einigen Jahrhunderten eingeführt worden sein, weil in der Guldenzollinstruktion des Joh. Phil. von Schönborn vom 9. Juni 1666 ebenso in der Zollrolle des Peter Philipp Dernbach

---

[1] Verordnungs- und Dekretensammlung der Würzburger Univers.-Bibliothek.

vom 18. Oktober 1678, dann in der Guldenzollinstruktion des Joh. Gottfried von Guttenberg vom 16. Juni 1688 vom Bierzolle als von einem altüblichen gesprochen werde.¹) Auch ein Beerzoll wird erwähnt von Weinbeeren, welche von einer Markung in die andere gebracht werden.

Ein anderer fränkischer Zoll, welcher unsere Aufmerksamkeit erregt, ist der Judenleibzoll. Es kann hier unmöglich eine komplete Geschichte des fränkischen Judenleibzolles gegeben werden, dazu ist der Rahmen dieser Studien zu enge gespannt, wohl aber soll eine eingehendere Darstellung dieser interessanten kulturgeschichtlichen Materie hier angeregt werden.²)

Die Juden waren im Würzburgischen in Schutzjuden (Schirmjuden oder vergeleitete Juden) und in Schnurrjuden eingeteilt,³) erstere entrichteten das Schutzgeld für ein friedliches Leben im Lande,⁴) die umherziehenden Schnurrjuden dagegen hatten das Leibzollzeichen zu lösen. Die Vorgänger der ritterschaftlichen Judenschaft hatten, wie sich aus den Akten ergibt, den Leibzoll im Fürstentum in Pacht.

Sie bezahlten laut Hofkammerprotokoll an Bestandsgeld für den hochfürstlichen Judenleibzoll 1700—1720: 720 fl. jährlich, 1756—1777 jedoch bereits 1440 fl. Als man nun das Pachtgeld noch weiter erhöhen wollte unter dem Vorwande, sie könnten sich bei den Wertheimischen Juden durch Abverlangung der Leibzollzeichen wieder schadlos halten, machten sie energische Opposition.

Die Juden speziell des ritterschaftlichen Kantons Rhön-Werra waren es, welche seit 80 Jahren die Judenleibzollzeichen in Pacht hatten. Die Pachtung galt aber nur für einheimische Juden, wogegen

---

1) Über den Mainzischen Guldenzoll f. Quetsch a. a. O.
2) Allgemeines über die Juden in Franken f. auch Stumpf: Denkwürdigkeiten der deutschen besonders fränkischen Geschichte 1802 im 1. Heft: „Die Juden in Franken". Dann über das gleiche Thema: Archiv des historischen Vereins für Unterfranken und Aschaffenburg. 1853. Näheres über die Geschichte des Judenleibzolles f. Ulmenstein a. a. O. Hier und noch mehr bei Ludovici a. a. O. finden sich für die damalige Zeit sehr bemerkenswerte Urteile und Gesichtspunkte über Judenzoll und Handel der Juden.
3) Einige interessante Details über die fürstl. Würzburgischen Zölle, über Wegzoll, Landzoll, Kleinzoll, Guldenzoll und Judenleibzoll der Stadt Mellrichstadt, gibt Michael Müller: Der Bezirk Mellrichstadt als Gau, Zent, Amt und Gemeinde. 1879.
4) Dies war auch anderwärts im Reiche eingeführt. „Um die große Menge der Juden und ihren Anwachs zu verhindern", hat z. B. auch Kurfürst Karl Philipp Theodor im Februar 1744 eine Verordnung ergehen lassen, nach welcher die jüdischen Familien zu Mannheim auf 57 heruntergesetzt wurden, die für den Salvum conductum beim Hofe 17000 Gulden zahlen mußten.

alle ausländischen und durchreisenden Juden an jeder Zollstätte 20 kr. für Leibzoll entrichten mußten.

Zu bemerken ist noch, daß es sich auch beim Judenzolle nicht allein um die hochfürstl. Würzburgischen Zollstätten handelt, daß vielmehr auch z. B. das Kloster Theres am Maine einen Judenleibzoll von den auf dem Wasser fahrenden Juden und zwar nach seinen Zollrollen von 1676, 1702 und 1717 (606 fl.) erhob. Nach dem bereits erwähnten Zollrezeß (vom Jahre 1751) zwischen Würzburg und Kloster Theres, wurde der Thereser Mainzoll auf dem Vergleichungswege dem Kloster in Erbbestand gegeben unter der Bedingung, daß die Zollsätze nicht erhöht und keine neuen eingeführt würden. —

Bei der großen Anzahl von Zöllen in dem einen verhältnismäßigen kleinen Territorium Würzburg werden die großen Summen erklärlich, die wir hie und da in den Quellen als Beispiele von Zahlungen seitens einzelner Händler verzeichnet finden.[1])

Für 800 Malter Weizen, 400 Malter Korn und 400 Malter Haber, welche ein Würzburger Getreidehändler an die bayerischen Truppen nach Frankfurt lieferte, betrug der Zoll an den 7 unteren Wasserzollstätten 82 fl. 5 ℔ 7 ₰. Für 1 Ztr. transitierendes Wachs wurde erhoben 4 ℔ 6 ₰, dann 1 ℔ 3 ₰ dann je 6, 4, 3 ₰, an den einzelnen Zollstätten.

Für 500 Ztr. Blei, welche ein Wertheimischer Kaufmann an den bayerischen Hof lieferte, wurden an den 7 unteren Würzburgischen Zollstätten 64 fl. 4 ℔ 28 ₰ Zoll gezahlt.

Für 881 Eichbäume nebst Stückholz und 64 „gemeine Böden," welche ein Holzhändler von Eltmann in einem Jahre den Main hinablieferte, zahlte derselbe an den Würzburger Zollstätten 909 fl. 4 ℔ 21 ₰, ein anderer von Haßfurt für 282 Eichbäume, 26 gemeine Böden 250 fl. 2 ℔ 18 ₰.

Das Holz wurde nicht nach der Stärke, nicht nach dem ungefähren Gewicht, sondern nach der Länge verzollt. Nach einer Verordnung „die Verzollung des Holländer Holzes betreffend" wurde Zoll gezahlt:

„43 Pfennige für jeden ganzen holländischen Eichbaum, welcher 30 und mehr Schuhe lang ist. 32 Pfennige für einen dergleichen von Tannen oder Föhren. 24 Pfennige für einen Klotz von 18 bis 23 Schuhe lang, 12 Pfennige für einen Wagenschuß von 14—17 Schuhe lang, 6 Pfennige für ein Pfeufholz von 10—13 Schuhe lang, 3

---

1) Die Zollamtsrechnungen sind nicht mehr erhalten.

Pfennige für ein Knopholz von 8—9 Schuhe lang, 1 Pfennig für eine sog. Range von 3—7 Schuhe lang."

Hinsichtlich der Gewichte wurde es oft nicht so genau genommen. Viele Waren wurden in herkömmlicher Verpackung und herkömmlichen Gewichtsmengen versandt. Z. B. ein Faß mit blauer Farbe aus Böhmen wurde stets zu 3 Zentnern in der Verzollung angesetzt, wobei die Tara abging. Ebenso war es mit der roten Erde und den „Weißfaßen". Die böhmischen Glaskisten wurden auch früher auf diese Weise, also nach dem Stück, später aber, nachdem der Inhalt des Stücks allmählich von 1¼ Zentner auf 6—7 Zentner gestiegen war, nach dem Gewicht verzollt. Oft waren unter der Marke „gewöhnliches Glas" feine Spiegel und geschliffenes Glas versteckt. Überhaupt war der Handel stets bestrebt, die hohen Zölle durch Findigkeit zu umgehen oder dieselben wenigstens abzuschwächen.

Der Erlös der Zölle floß in die Kassen der Hofkammer, doch waren in einzelnen Fällen Bestimmungen bezüglich der Verwendung der Zolleinnahme getroffen. Dies war, wie wir oben bei der Erteilung eines Zollprivilegiums an die Stadt Heidingsfeld gezeigt haben, oft durch das Privilegium selbst und durch die Umstände, unter denen dasselbe erteilt worden war, bestimmt.

Von den Zöllen der Stadt Würzburg[1] wurde der größte Teil nach bestimmten Rubriken verwendet und das übrige für außerordentliche Fälle aufgespart. Ein Hauptargument in den Schutzschriften des Rats für das Zollprivilegium war dies, daß, wenn die Stadt dieser Einkünfte entbehren sollte, die Bürger in den Steuern höher angelegt werden müßten, worüber der Rat dann der Nachwelt Verantwortung schuldig sei. Als Beleg für die gemeinnützige Verwendung des Zollertrags wird mitgeteilt, daß vom Jahre 1700—1730 von dem Würzburger Zollertrag für die Lieb-Frauen-Kapelle 13 853 fl. 4 ℔ 27 ₰ und zu anderen öffentlichen Anstalten 2129 fl. 3 ℔ 23 ₰ verwendet worden seien.

Während auf der einen Seite die Kaufleute durch hohe Zollbeträge hart getroffen wurden, waren anderseits durch die Zollbefreiungsprivilegien gerade die leistungsfähigsten Leute von den Zollzahlungen befreit.

Es war vielfach in Deutschland Sitte, daß all' das zollfrei verkehren durfte, „was einer im Lande auf seinem Eigentum an Feldfrüchten und sonst erübrigte, es sei einer nun vom Adel oder auch nur schlichter Landmann".[2] Diese Sitte dürfte jedoch den Großgrund-

---

[1] Oberthür: Taschenbuch a. a. O.
[2] Gasser a. a. O.

besitzern, Klöstern, Stiftsherren, dann den weltlichen Herren aller Grade („Fürstengut, Regaliengut") in ganz unverhältnismäßig höherem Grade als dem „erübrigenden" schlichten Landmann zu gute gekommen sein.

In Franken waren außer den Herrschaften der Abel, die Klöster und Stiftungen, hohe Beamte und Offiziere, öffentliche Anstalten, Krankenhäuser, Kirchen (Kirchenbaubedürfnisse) ꝛc. entweder durch Privileg ganz zollfrei oder wurden auf spezielles Gesuch von den Zöllen befreit.

Später in der Reformzeit war man in dieser Beziehung etwas genauer in der Verwaltung, und als z. B. das Kloster Astheim eine Zollbefreiung für Weinbezug und Weinabsatz verlangte, berief es sich nicht allein auf sein kaiserliches Privileg, welches es besaß, sondern auch darauf, daß es schon 6 Jahre nicht mehr Gebrauch von diesem Privileg gemacht habe, und der Fürst bemerkte an den Rand des Bittgesuches, man möge die Gewährung dieser Bitte ad notam nehmen und zu oft kommende Supplikanten einfach abweisen, auch wenn sie ein Privilegium hätten.

Zollbefreiungen anderer Art waren diejenigen, welche einzelnen Städten und Ständen von anderen Städten oder Ständen auf den Messen oder beim Durchzug durch das Land von alters her gewährt waren. So waren z. B. die Bürger der Altstadt Bamberg während der Frankfurter Messe vom Frankfurter Zoll befreit und genossen überhaupt in dieser Stadt noch besondere Vergünstigungen.[1]

Die gewerbe- und handeltreibenden Bürger Würzburgs genossen die Zollfreiheit auf den Messen von Frankfurt und von ihren ins Kaufhaus zu Mainz gebrachten Handelsgegenständen, wogegen der Magistrat von Würzburg dem Kaufhause zu Mainz nach altem Herkommen eine Verehrung von jährlich 2 Gulden machte „darum man Pfeffer, Handschuh und noch anderes pflog zu kaufen".[2]

Bei der großen Anzahl von Binnenzöllen im Hochstift Würzburg, bei der Höhe der Beträge, bei der Willkür in der Zollbefreiung der Leistungsfähigsten ist es nicht zu verwundern, daß das Verhältnis zwischen den Zollbeamten und den am Verkehr beteiligten Schiffern, Kauf- und Fuhrleuten ein ebenso gespanntes war, wie beim Geleitswesen oder Straßenzwang.

---

1) Schneidawind a. a. O. Über die Zollfreiheiten der Würzburger in Mainz s. Archiv des histor. Vereins für Unterfranken. 1836 (34 u. 196).

2) Die Mainzer Kaufherren schlugen im Jahre 1526 dies übliche Geschenk aus und da die Würzburger Handelsleute hierunter eine ihnen nachteilige stillschweigende Aufhebung ihrer alten Zollfreiheit befürchteten, verwendete sich Fürstbischof Konrad III. für sie beim Kurfürsten von Mainz und bewirkte, daß es beim alten gelassen wurde (Scharold a. a. O.).

Die Zollbeamten waren zumeist — obwohl dies reichsgesetzlich verboten war — Zollpächter oder Zollbeständer, auch mußten sie auf die Zollrolle vereidigt werden. Im Hochstift Würzburg hatte man in der Regel herrschaftliche Angestellte, die Zolleinnehmer oder Zöllner, die Zollschreiber und die Zollbereiter, welche die Straßen zu bereiten hatten, damit niemand ausweichen konnte.

Als Zollbereiter wurde eine militärische Abteilung, nämlich Husaren verwendet, sie trugen das Wappen der Landesherren, im Geleitsdienst „eine Geleitsbüchse" und gehörten zu denjenigen Personen, an welchen sich niemand vergreifen und die niemand an ihrer Amtsausübung hindern durfte.

Die Zöllner waren, wie sich aus den Hofkammerprotokollen ergibt, meist die Schultheißen, Wirte und Schullehrer der betreffenden Orte.[1]) Sie erhielten als Bestallung in der Regel den 10. Pfennig von den eingehenden Zollgeldern, bei Thorzöllen noch 3 kr. vom fl. der eingehenden Thorsperrgelder und die „übrigen hergebrachten Zollergötzlichkeiten". Beim Judenzoll erhielten die Schultheißen nach einer Landesverordnung gleichfalls den 10. Pfennig und bei Anzeigen die Hälfte des Strafgeldes, welches 10 R.-Thlr. betrug.

Unter den „hergebrachten Zollergötzlichkeiten" sind die sehr häufig in Naturalien errichteten Zollaccidentien zu verstehen, durch welche im Hochstift der Zoll eigentlich um 15—20% erhöht wurde.

Doch wurde an vielen Orten von den Zöllnern „deren Insolenz Hochmut und Eigennutz oft keine Grenze kannte" gar keine Zollrolle mehr zu Grunde gelegt, sondern eine gewisse Summe abverlangt, die

---

1) Sogar im Acciswesen, zu welchem vor allem das Braugeld gehörte, waren oft Wirte als Pächter der Accise aufgestellt. Während Zoll- und Geleitswesen viel Gemeinsames hatten — auch im Personal — hatte das Acciswesen eine eigene Organisation, die besonders in den grenz-vermischten Gegenden Schwierigkeiten machte. Das Hofkammerprotokoll vom Jahre 1750 enthält in dieser Hinsicht einen langwierigen Streit mit dem Kloster Ebrach; die Würzburger Regierung beanspruchte die Acciseinschau in allen Ebrachischen Ortschaften durch den Oberaccisor in Ebenhausen. Die Unteraccisoren aber sollten aus den Ebrachischen Unterthanen genommen werden. In Prölsdorf wurde eine Oberaccisorstelle errichtet, weil dort wegen der Grenzverhältnisse die Unterthanen mit Bambergischen sehr vermischt und Unterschleife häufig waren. Der Oberaccisor hatte daselbst „die Acciseinschau als eine Obereinnahmsgebühr bestens zu beobachten, zu den Enden selbsten fleißig nachzusehen, und Unteraccisoren fleißig zu ermahnen und anzuweisen, dafür erhält er einen 1 Rthlr. quartaliter". (!) Der Fürst spricht bei dieser Gelegenheit in einer Resol. Cel. die Hoffnung aus, durch die schärfere Einführung des bisher zu sehr verlassenen Accis- und Umgeldes und namentlich durch besondere Heranziehung der Klöster und der sonstigen mittelbaren Unterthanen das Land von der Steuerlast zu erleichtern.

der Kauf- oder Fuhrmann ohne Erinnerung hergeben mußte, wenn er sich nicht für allezeit die Feindschaft des Zöllners, Verzögerung der Reise, Strafen und andere Beschwerden zuziehen wollte.

Die Regel war allerdings, daß der Zolltarif an einem mit dem Wappen des Landesherrn versehenen Zollstock ausgehängt war.[1]) Wie in einem Hofkammerprotokoll v. J. 1750 geklagt wird, kam es auch vor, daß die Zöllner gar nicht bei den Zollstöcken und -stätten wohnten, sondern den Fuhrleuten im Vertrauen auf die scharfen Strafen zumuteten, sie in ihren entlegenen Wohnungen aufzusuchen.

Der Zeitverlust war eine besonders empfindliche Schädigung, welche die Zöllner den ihnen mißliebigen Kauf- und Fuhrleuten zufügen konnten.

Ganz besonders brachte das Zollwesen den Schiffern oft einen großen Zeitverlust. In Kitzingen wurde z. B. ein Schiff vom Wagemeister untersucht, die Ladung auf 1000—1200 Ztr. geschätzt. Er berichtet dies an den Würzburger Zollamtmann, dieser nun tariert auf 800 Ztr. bei der Ankunft der Schiffe in Würzburg; deshalb erfolgt nun seinerseits ein Antrag an die Hofkammer um Einsetzung einer Kommission. Dieser Antrag wird beraten in der nächsten Sitzung der Kammer, eine Kommission von Kammerräten ernannt ꝛc.

Anderseits machten auch die Schiffer und Fuhrleute den Zöllnern oft den Dienst schwer. Sie mußten zwar stets Fracht- und Ladungsbriefe und sonstige Papiere vorzeigen, allein die Zöllner wurden trotzdem oft genug hintergangen. Es kam oft vor, daß die Absender der Waren den Fuhrleuten dreifache Frachtzettel mitgaben und sie instruierten, bei welcher Zollstätte sie diesen, wo sie jenen vorzeigen sollten.

Kam es zur Visitation aller Waren und Vergleichung mit den Zollzetteln und Papieren, dann durfte sich der Fuhrmann nicht nur auf einen längeren Reiseaufenthalt, sondern regelmäßig auch auf größere und kleinere Konfiskationen und Strafen gefaßt machen.

Aus der Darstellung des Zollwesens im Hochstift Würzburg dürfte sich ergeben haben, daß gründliche Reformen gerade auf diesem Gebiete am allernotwendigsten waren. Es fragt sich, was in einem offenen Territorium, dem es schon von Reichswegen durch die in Art. VIII der Wahlkapitulation bestimmte Festlegung der bestehenden Verhältnisse, noch mehr aber aus anderen Gründen versagt war, die Binnenzölle aufzuheben und ein Grenzzollsystem einzurichten, an handels-

---

[1]) Dazu kamen dann noch die Wehrzölle an denjenigen Straßen, an welchen ein Zoll umgangen werden konnte. Dieselben waren demnach scheinbar nur Ersatz für einen umgangenen Zoll, in Wirklichkeit wurde die Zahl der Zollstöcke durch die Wehrzölle stark vermehrt und das Zollregal thatsächlich ausgedehnt. Näheres Ludovici, Gasser u. a.

politischer Reformthätigkeit hinsichtlich des Zollwesens geschehen konnte. Unmöglich konnte eine Verschärfung des Regals wie beim Stapel- und Geleitsrechte in Erwägung gezogen, sondern nur an Ermäßigung und Beseitigung von Mißständen gedacht werden. Dazu mußten noch im Interesse einer durchgreifenden Wirkung positive Einrichtungen und Maßnahmen zur Förderung des Handels kommen, wie der Bau von Niederlagen, Lagerhäusern, Krahnen, Häfen, regelmäßige und direkte Schiffahrt 2c.

Dieser positive Teil der hochstiftlichen Handelspolitik des 18. Jahrhunderts — in den Gebäuden und Anlagen der dauerhafteste und heute noch erkennbare — wird schon deshalb am besten im Zusammenhange mit den Maßregeln für eine Verbesserung des Zollwesens dargestellt, weil die wesentlichsten Reformen auf diesem Gebiete gerade die Zollermäßigungen für die am Maine neu eingerichteten Niederlagen waren.

Erst in den 30er Jahren des 18. Jahrhunderts finden sich einige Verordnungen, welche den Zweck haben, gegen die ärgsten Mißstände im Zollwesen vorzugehen. Es ist dies zunächst die Verordnung vom Jahre 1730, die sich gegen Nachlässigkeiten der Zoll- und Accisbeamten richtet, die nächste vom Juli 1731 betrifft Unterschleife beim Guldenzoll, weitere vom Jahre 1732, 1734, 1735, 1736 Unterschlagungen der Zollbeamten, dann findet sich aus dem Jahre 1737 eine Instruktion an die Land- und Wasserzöllner. In der letzten Verordnung ist bereits von Zollermäßigung die Rede, von einem Würzburg-Frankfurter Meßschiff, von Geleitsrechtsverschärfung und Straßenreparaturen. Zu erwähnen sind dann noch die Verordnungen vom Jahre 1738 über Errichtung einer herrschaftlichen Tabaksniederlage und eines Vorratshauses und 1742 über Mißbrauch der Zollfreiheiten.

Die wichtigste unter diesen Verordnungen war die vom Jahre 1737. Zunächst wurde in einem Kameraldekret vom 1. Juli 1737 der Viertelzollnachlaß für alle Obermaingüter eingeführt. Es wurde den Bamberger Schiffern und Flößern, welche den ganzen Mainfluß passierten, dann den Kitzingern und den zu Kitzingen ein- und ausladenden Schiffern der Viertelzollnachlaß an allen Zollstätten bewilligt und die gleiche Vergünstigung auch dem von Bamberg über Würzburg fahrenden Geleitsschiff zugestanden, nachdem dasselbe ohnedies die großen Geleitskosten und -Gebühren zu zahlen habe. Ausgenommen von dieser ersten hochstiftlichen Zollermäßigung waren Früchte und Wein und alle ungepackten Waren.

Dies war die erste wichtigere Zollermäßigung in der hochstiftlichen Handelspolitik, eingeführt, um den Handel der Mainstädte Kitzingen und Bamberg zu beleben und dem brandenburgischen Platze Steft gegenüber konkurrenzfähiger zu machen; Hand in Hand mit dieser Maßregel ging die bereits behandelte Einführung des Kitzinger Straßenzwanges für den Nürnberg-Frankfurter Verkehr. Vorausgegangen waren die Versuche mit dem Stapelrecht. Es kam allmählich ein gewisses System in die hochstiftliche Handelspolitik.

Die gleichzeitig an die Land- und Wasserzollbereiter, Zöllner und Zollüberseher gerichtete Instruktion beklagt zunächst, daß zum größten Schaden des hochstiftlichen Zollregals Mißbräuche aller Art, Lässigkeit und Unterschleife sich in einem Maße im ganzen Hochstift eingeschlichen, daß es fast scheinen wolle, als ob die meisten mehr zur Vermehrung ihres eigennützigen Gewinnes, ihrer Accidentien dienten als zur Förderung des herrschaftlichen Interesses und von so vielen Kaisern verliehenen, bestätigten und üblich hergebrachten hohen Zollregals.[1]

[1] Es wird deshalb verordnet:
„Erstlich von den Wasserzöllnern, daß selbe mit Zuziehung der Gegenschreiber bei vornehmenden Verzollungen jedesmal selbsten an das Wasser gehen, die mit zollbaren Gütern beladenen Schiffe, Schelche und Flöße unter und ober Wasser sowohl genau visitiren, fleißig nachsehen und alles getreulich nach der Viel- und Beschaffenheit und zwar nach dem Unterschied und Wert der Waren, sowohl als nach der genau anzuzeigenden Zentnerzahl der Instruktion und Zollrolle gemäß verzollen, als auch wie viel Zoll und wofür, von was Waren mit dem Namen des verzollenden Kauf- und Schiffmannes, dann des Monats und Tags anmerken. Nicht weniger was aus Gnaden, von Rechtswegen oder Vergleichswegen, von wem und in was Quanto zu Wasser oder Land frey durch- oder einpassiret, in ihren Zoll-Manualien, welche zur Abstattung der Rechnungen sie fürohin als Beilagen jedesmalen mit einzuliefern haben, nicht allein deutlich annotieren und einschreiben, sondern auch über die den zu Wasser Handelnden auszustellen habenden Zollzettel, was und wie viel diese verzollet haben, die richtige Verzeichniß machen und aus sträflicher Nachlässigkeit oder pflichtwidrigen Eigennutz unverzollet nichts sollen passiren lassen. Daher auch ihren Zöllnern und Gegenschreibern das freiwillige Nachsehen und Durchschleifen hiemit also ausdrücklich untersaget wird, daß selbes auf erstmaliger Betretung mit dreyfacher Strafe des begangenen Betruges, das andere mal aber mit wirklicher Cassation angesehen werden soll. Allermassen die Fuhr-, Schiff- oder sonstige Handelsleute über die Gebühr anzuhalten oder von denselben unzulässige Accidentia unter was Schein es geschehen mag zu erpressen, unter obiger Straf ebenfalls verboten wird. Mit dem weitern Zusatz, daß gleich wie all' Obiges nach seiner Maaß auch von den Landzöllnern zu beobachten und sonderlich dasjenige, was wegen verbotener Ausführung, des geprägt- und ungeprägten Gold und Silbers durch die alten und neuen Reichs- und Kreisverordnungen, vorderforst aber die letztere vom 14. Mayi des vorigen Jahres vorgeschrieben, mit beständiger Aufmerksamkeit zu befolgen ist. Also denselben wegen Abforderung der Frachtzettel und darinnen verzeichnete Waaren und ebenfalls wegen Öffnung und Durchsuchen der Ballen, Fässer und Verschläge zu ihrer Verhaltung und gehorsamsten Nachachtung das Erforderliche durch unsern Zollamtmann werde bedeutet werden.

Die Instruktion selbst, welche in der Aufreihung ihrer langatmigen Sätze und Bestimmungen zugleich ein anschauliches Bild von dem Zollwesen in den klein-deutschen, in Mauthlinien nicht eingeschlossenen Territorien des vorigen Jahrhunderts entrollt, läßt bereits in ihrer eindringlichen Sprache das lebhafte handelspolitische Interesse des Aufklärungs-Zeitalters erkennen.

Vom Fürsten Friedrich Karl selbst wird die Zusammenziehung der Zollstätten gewünscht; der „Mutterzoll" soll in Würzburg erhoben werden und die Schiffe sollen nicht mehr an allen Zollstationen zu landen brauchen, sondern durch Zollkähne befahren und lediglich untersucht werden, ob sie unterwegs nichts beigeladen haben. An Stelle der alten Zollwagen verlangt der Fürst neue und schneller funktionierende, an Stelle der alten unfähigen Zollbeamten junge, kautionsfähige, ferner die thatsächliche und genaue Wiedereinführung

Zweytens, ferners gnädigst auferlegt wird, daß zumal die Nachverzollenden (im Gegensatz zu den Anzöllern!) wohl beobachten und darauf nachsehen sollten, ob und was inzwischen beigeladen worden, dahero sie des Voroder Anzollenden ausgestellte Zollzettel sorgsam und genau anzusehen haben, um darauf eine gründliche Verzollung vornehmen und dabei fleißiges Aufmerken tragen zu können, ob der Verzollende von alledem den gebührenden Zoll erhoben oder nicht oder vielmehr Verschiedenes, entweder durch dessen Unfleiß oder Eigennutz, oder durch Betrug des Kauf- Schiff- oder Fuhrmannes unverzollt passiert worden sein. Und sofern sich ein Zollbetrug oder pflichtvergessener Saumsal und Eigennützigkeit finden sollte, die gebührende Bestrafung nach Maßgabe der Zollrollen entweder selbst darauf vornehmen oder Bericht abstatten sollen. Wobey nebens Wir zur Belohnung ihrer diesfalls erweisenden treuen Emsigkeit ihnen sowohl als anderen Zollbedienten von demjenigen, was durch ihre Anzeige und Entdeckung an fremden oder einheimischen Zollstrafen eingehen wird, den dritten Teil zu einer Ergötzlichkeit gnädigst angedeihen wollen lassen.

Wie dem auch zur Abstellung derlei Nebenwegen die bestellten Zoll- und Geleitsbereiter hierdurch ernstlich angemahnet und befehliget werden, daß diese nach ihrer pflichtmäßigen Obliegenheit und zwar die ersten ihre völlige Distrikten und die darinnen befindliche Zollstätte monatlich wenigstens einmal und zwar nicht obenhin, sondern zugleich der Zöllner Manualien und Zeichen, ob die übrigen noch vorhanden und keine Unterschleife geschehe, fleißig visitiren, und daß dieses wirklich geschehen, von den Beamten und Ortsschultheißen mit einem attestirten Visitationszettel sich ordentlich legitimiren, übrigens aber die gemeldeten Straßen fleißig bereiten und darbey gutes Aufsehen tragen solle, damit die Fuhrleute, Gespann und andere, so sich der ordinari Land und Geleitsstraßen gebrauchen, nicht Seit- und Abwege suchen, die darauf antreffende Fuhr- und Handelsleute wegen des entrichteten Zoll- und Geleitsgelds aber fleißig anhalten und befragen, die gelösten Zeichen von ihnen abfordern, auch gestalten Dingen nach darauf ordentlich nachverzollen, annebst die ausübende Unterschleife und Betrügerey fleißig untersuchen und auskundschaften, sofort diejenigen, so den Zoll oder Geleit überfahren mit Hintansetzung aller Nebenabsicht sogleich anhalten und entweder selbst zur gebührenden Strafe ziehen oder Bericht einschicken."

der Zollrolle unter Belassung des Gewichtszolles für die Kitzinger Güter. Bezüglich des Zolldienstes wurden mannigfache Veränderungen teils vorgenommen, teils wenigstens diskutiert. Es galt zunächst bessere Persönlichkeiten für das Zollwesen zu gewinnen.[1]) Man sah ein, daß die Zollamtsposten keine Sinecuren oder Belohnungsstellen mehr sein dürfen, es wurde verlangt, daß die Zöllner etwas Ordentliches gelernt haben müssen, daß sie beurteilen können, was ein Schiff bei großem, mittlerem und kleinem Wasserstand tragen könne, sie sollen ferner „das Eigentümliche der Waren und Güter schon am Gepäck und an den Stübichen mit Sicherheit erkennen"; dazu gehöre aber eine technische Vorbildung. Zwei Oberzollamtsstellen wurden geschaffen zur Kontrolle des ganzen Zollwesens; das Accidentienunwesen wurde beseitigt und die Gehälter normiert und gegen Bestechung, Ungeschicklichkeit und Unwissenheit der Zöllner wurde nun auch viel strenger eingeschritten, da sonst alle zu Gunsten Kitzingens getroffenen Maßregeln nichts fruchten würden. Von den zahlreichen Zollstätten wurden einige zusammengelegt, wenn auch bei getrennter Zollrechnung, damit die Schiffer und Fuhrleute nicht so oft aufgehalten würden. Zu erwähnen wäre da noch, daß die Schiffsgüter nunmehr nur einmal beim Anzöllner in Freudenberg visitiert wurden, um nicht mehr solange aufgehalten zu werden. Ferner wird das Unwesen der privaten Zollbefreiungen und Zollverschärfungen aufgedeckt. Dadurch, daß die Zollamtsstellen nicht an Beamte, sondern an Bürgerliche vergeben waren, welche willkürlicher schalteten, kam es nämlich häufig vor, daß Zöllner viele Bekannte und Verwandte zollfrei passieren ließen, namentlich dann, wenn die Betreffenden sich mit ihnen „gut gestellt hatten". Anderseits konnten die Zöllner mit großer Willkür einen ihnen mißliebigen Mann chikanieren. Allein man geht irre, wenn man glaubt, daß die Zollbeamten lediglich die Fremden, ausländischen Kaufleute und Fuhrleute chikanierten, vielmehr erfahren wir, daß dieselben meist auf Bestechungen reagierten, sodaß die besonderen Zollvergünstigungen, welche die Würzburger Regierung bloß den Obermain- und den Kitzinger Gütern zuerkannt hatte, unter Umständen nicht viel bedeutete gegenüber den willkürlichen Zollbegünstigungen der Zollbeamten. Dadurch wurden handelspolitische Maßregeln vielfach illusorisch. Auch diese Mißstände wurden nunmehr zum Teil beseitigt durch die Reform des Zollbeamtentums und speziell darauf gesehen, daß kein Einheimischer, der viele Bekannte und Verwandte in der betreffenden Stadt habe, das Zöllneramt bekomme. Bezeichnend für die Willkür der Zollbeamten ist es, daß gelegentlich dieser Neuordnungen des Zollwesens ein Mauthhäuschen an einer nicht unwichtigen Stelle aufge-

---

1) Von Zeit zu Zeit wurde nun eine Zollinspektion angeordnet.

funden wurde, welches von dem Zollbeamten nicht bewohnt und gar nicht besetzt war. Es hauste dort vielmehr ein Schuster mit seiner Familie seit 14 Jahren und erhob von fremden Passanten von Zeit zu Zeit ein Zöllchen für seinen Privatfiskus.

Viele dieser Reformen scheinen nicht anhaltend gewesen, manche nicht über die Diskussion hinaus gekommen zu sein. Noch im Jahre 1764 heißt es in der Hofkammer, daß die Regierung durch die Ignoranz der Zöllner, die zum Teil noch aus „rüben Bauern" beständen, nach und nach um ihr ganzes Zollregal komme; denn die Zollrechnungen enthielten immer noch bloß die Einnahme und Ausgabe der Zollzeichen und mehr könne man auch von Bauernzöllnern nicht verlangen, aber von wem und von was die Zölle erhoben würden oder auch wer und was zollfrei sei, darüber stehe gar nichts darin. Die Zöllner hätten allerdings bezüglich der Artikel und der Zollsätze eine gedruckte Zollrolle und eine gedruckte Zollinstruktion, nach welcher sie niemand zollfrei lassen sollten, der nicht einen Zollpaß von der Hofkammer aufweisen konnte, allein kontrollieren könne die Zöllner niemand.

Handelt es sich bei der Reform des Zollbeamtentums immer noch um eine Beseitigung der krassen Mißstände, so wurde um die Mitte der 1740 er[1]) Jahre die im Jahre 1737 bereits begonnene Reformpolitik der praktischen Maßregeln und Einrichtungen fortgesetzt. Die Regierung und speziell Friedrich Karl sah ein, daß man mit dem Straßen- und Geleitszwang während der Meßzeit allein nicht alles erreichen könne.

Schon in den 30 er Jahren verdichtete sich die Erörterung über die Förderung des Kommerzienwesens zu dem Plane der Errichtung geeigneter Niederlagsbauten am Maine. Die von der Ansbachischen Regierung in den 20er Jahren durch kostspielige Bauten in Steft getroffenen Einrichtungen werden jetzt in der Würzburger Hofkammer als „geradezu musterhaft" bezeichnet und dieses kleine rührige Steft erweckte in dem gealterten, auf ein glänzendes Leben zurückblickenden Fürsten Friedrich Karl den Ehrgeiz, im Hochstift Würzburg gleichfalls musterhafte Niederlags- und Krahneneinrichtungen für den Mainhandel zu treffen.

Zuerst trat das dem Domkapitel gehörige Städtchen Ochsenfurt[2])

---

1) Und wohl zum ersten Male seitens der Landesherren in der Handelsgeschichte des hochstiftlichen Frankens überhaupt.
2) J. B. Kestler: Beschreibung von Ochsenfurt. 1845.
Den regelmäßigen Meßverkehr von Ochsenfurt nach Frankfurt besorgte ein eigenes Meßschiff, das vor andern Schiffen Vorzüge in Ochsenfurt und in Frankfurt hatte. Neben ihm durfte kein anderer Ochsenfurter Schiffmann 10 Tage vor und 10 Tage nach der Meßzeit in Frankfurt Güter einladen. Seine Anfahrt in

in den Vordergrund des Interesses. Hier wurde bereits gleichzeitig mit der Hebung Stefts — seit Beginn des 18. Jahrhunderts — wenigstens für den Bau einer Schiffsladestätte am Ufer des Maines gewirkt. Dieser Gedanke wurde damals von den Ochsenfurtern 30 Jahre lang verfolgt und von den Mainschiffern, insbesondere von einer der angesehensten Schifferfamilien (Öhninger) unterstützt. Im Jahre 1726 wurde beschlossen, eine Ladestätte auf der linken Mainseite (woselbst die Stadt Ochsenfurt lag) zu bauen, nachdem bisher die Schiffe nur auf der rechten Seite gegenüber der Stadt ihre Ladungen einnehmen konnten. Der Beschluß kam jedoch nicht zur Durchführung. Im Jahre 1731 wurde endlich mit der Anlage einer Schiffsladestelle begonnen.

Die dem Domkapitel und nicht dem Fürstbischof gehörige Stadt Ochsenfurt war jedoch nicht dazu ausersehen, die Handelsstadt des Hochstifts Würzburg zu werden, sondern die an den Straßen Frankfurt-Nürnberg und Würzburg-Bamberg, sowie am Maine, also an dem Knotenpunkte der wichtigsten Verkehrsstraßen gelegene Stadt Kitzingen.

Nach eingehenden Verhandlungen und nach sorgfältiger Prüfung der zahlreichen vorliegenden Projekte, wurde im Jahre 1745 unter der besonderen Protektion und der regsten persönlichen Teilnahme des Fürsten Friedrich Karl der Entschluß zum Bau eines Niederlagshauses und eines Krahnenwerkes in Kitzingen gefaßt.[1])

Im Frühling des Jahres 1746 wurde eine ausführliche mit besonderer Sorgfalt ausgestattete Verordnung über die Einrichtung und Beförderung des Kommerzienwesens in Kitzingen erlassen, neben der Zollermäßigungsverordnung vom Jahre 1737 die erste Verordnung in der bis zum 16. Jahrhundert zurückgehenden Verordnungssammlung

---

Frankfurt war ihm hinter dem Aschaffenburger Meßschiffe angewiesen. Das Privilegium war in den Büchern auf dem Römer zu Frankfurt im Jahre 1654 niedergeschrieben worden. Ochsenfurt besorgte damals auch einen großen Teil des Güterverkehrs für die freie Reichsstadt Rothenburg. Rothenburg hatte im Mittelalter beträchtlichen Handel und Verkehr, und seine Lage an dem Landstraßenzug von Augsburg nach Würzburg, sowie nach Wertheim, Miltenberg, Frankfurt war eine günstige. Es gab damals viele Kaufleute in Rothenburg, die nach Böhmen und Italien handelten. Trotzdem entfaltete sich der Handel in Rothenburg nie in dem Maße wie in so mancher andern freien Reichsstadt, da die ratsfähigen Bürger gewohnt waren, ihre Kapitalien in Landgütern oder Gülten (unaufkündbaren Hypotheken, deren Zinsen in Naturalien bezahlt wurden) anzulegen, weil ihnen nur der Handel mit Naturprodukten, nicht der Warenhandel überhaupt, wie zu Nürnberg erlaubt und Gemeinschaft mit irgend einer auswärtigen Handelsgenossenschaft strenge verboten war. Im 18. Jahrhundert war ohnedies die Blütezeit Rothenburgs vorüber (s. Rothenburg a. T. in alter und neuer Zeit. Ansbach 1873).

[1]) Die auf dieses Werk bezüglichen, bis in die Detailrechnungen erhaltenen Akten dürften lediglich für den Freund der Kitzinger Lokalgeschichte von Interesse sein.

des Hochstifts, welche einen positiven, auf wirkliche mit Kosten un Opfern verbundene Förderung des Handels bezüglichen Inhalt hatte.

Friedrich Karl erklärt es in dieser Verordnung zunächst für eine Notwendigkeit, zur Förderung und Aufnahme der Kommerzien in seiner Stadt Kitzingen Schritte zu thun.

Vor allem wurde sodann verordnet, daß „noch in diesem Sommer zu besserer Bequemlichkeit der zu Wasser und zu Land kommenden Waren ein Kran samt Wage an der Ladestätte des Maines aufgestellt und ein geräumiges, wasserfreies Niederlagshaus neu aufgebaut werde".

Im Juli des Jahres 1746 heißt es bereits in einer weiteren Verordnung über die Aufnahme des Kommerzienwesens in Kitzingen, daß sowohl Krahnen als Niederlagsgebäude in Kitzingen fertiggestellt seien, und daß „auch ein Gleiches in der fürstlichen Residenzstadt Würzburg, sowohl zur Niederlage als zum Transito wirklich ist veranstaltet worden".

Die Vorarbeiten für die Einrichtungen in Kitzingen waren schon vor Erlaß der Verordnung im Frühjahre 1746 geschehen, sonst hätten dieselben wohl nicht so rasch ausgeführt werden können. Was die Niederlage in Würzburg anlangt, so handelt es sich hier nicht um das spätere große Niederlagswerk, sondern um ein anderes Gebäude, vermutlich um eine provisorische Einrichtung am Maine.

Der weitere Inhalt der für die Geschichte des fränkischen Handels höchst wichtigen Verordnung betraf die Einführung einer regelmäßigen Schiffahrt oder Rangfahrt von Kitzingen bis Frankfurt, Mainz und Köln.

Die zu Kitzingen ankommenden und im Niederlagshause niedergelegten Güter durften nur durch Kitzinger Schiffer zu Wasser thalwärts gebracht werden; allen auswärtigen wurde die Ladung verboten, „es hätten denn dieselben sich vorher mit den Kitzingern verständigt und abgefunden".

Damit dieses Monopol dem Handel nicht gefährlich werde, konnte den Schiffern, falls sie unbillige Frachten verlangten, die Taxe von den hochfürstlichen Beamten jederzeit vorgeschrieben werden. Alle 14 Tage mittags 12 Uhr, vom 11. Juli angefangen, mußte das Geschirr des Rangschiffers (Schiffszug von 6—8 Schiffen), groß oder klein, je nach Bedarf nach Frankfurt, Mainz und dem Rhein abgehen.[1]

---

[1] Privilegiert waren die Schiffer Seuffert, Konrad, J. Seelig, Kuntzmann, F. Seelig und Heunisch. Die Rangordnung hatte bei nicht allzulebhaftem Verkehr ihre unbestreitbaren Vorteile. Außerdem mußte der Kaufmann viel länger warten, bis die einzelnen Schiffer, die sich in die ankommenden Waren teilten, eine Ladung voll hatten, oder er mußte den Schiffer mit unvollständiger Ladung fahren lassen und dann auch entsprechend höhere Fracht zahlen.

Während der Meßzeit wurde ein Vorschiff zwölf Tage vor Beginn der Meßzeit abgelassen und 6 Tage darauf das ordentliche Meßschiff und 12 Tage nachher noch ein weiterer Schiffszug. Alle diese Schiffszüge mußten abgehen, ob viele oder wenige Waren vorhanden waren. Außer der Rangordnung durfte bei 40 Rthlr. Strafe kein Schiffer Waren fortschaffen „namentlich nicht die böhmischen Glaskisten". Nur das ankommende Eilgut, wenn es nur 80—90 Ztr. ausmachte, mußte von dem nächsten Schiffer, der an der Reihe war, fortgebracht werden.

Der Rangschiffer, der an der Reihe war, mußte auch sonst die Ladung, die gesammelt war, stets übernehmen und durfte kein anderes Gut, was ihm irgendwo angeboten war, übernehmen, wenn er nicht einen Ersatzmann stellen konnte und sich die Erlaubnis bei den herrschaftlichen Beamten eingeholt hatte „unter deren Direktion das ganze Werk stand". Kein Rangschiffer durfte länger als 8 Tage in Frankfurt, Mainz oder Köln halten und verbleiben, sondern mußte alsbald zurückfahren, „damit auch die Bergfahrt eine gleiche Beförderung wie Thalfahrt erfahre".

Wenn auf der einen Seite den Kitzinger Schiffern ein Monopol für die Verfrachtung der Güter zu Thal eingeräumt wurde, so wurde anderseits in der Verordnung jedem Kauf- und Fuhrmann vollständige Freiheit bezüglich der Wahl des Schiffers, Spediteurs oder Faktors garantiert. Überhaupt verspricht der Fürst eifrigst darauf zu sehen, daß die Kaufleute zu Wasser und zu Lande „in ihrem nordischen orientalischen oder italienischen Commercio getreulich bedient und gefördert werden". Es solle auch kein auswärtiger Schiffer gehindert werden, sich in Kitzingen bürgerlich niederzulassen, wenn er nur das nötige Geschirr aufweisen könne. Es solle von den Beamten darauf gesehen werden, daß die Waren nicht zu lange liegen bleiben und daß die Proprietärs mit der Fracht nicht überfordert werden, widrigenfalls die Fracht stets amtlich festgesetzt werden solle. Überhaupt behält sich die Regierung eine Kontrolle und ein Aufsichtsrecht über das Kommerzienwesen in der herrschaftlichen Niederlage stets ausdrücklich vor.

Die bemerkenswertesten Stellen in dieser Verordnung sind diejenigen, in welchen von einer direkten Rangfahrt der Mainschiffer nach Frankfurt, Mainz und Köln gesprochen wird. Wohl konnte der sehr mächtige und auch in Mainz sehr einflußreiche Fürst Friedrich Karl ohne lange Verhandlungen eine Exemption seiner Schiffe von dem Mainzer Stapelrecht eine Zeitlang durchsetzen.

In den Verordnungen vom Jahre 1746 wurde auch, wie schon durch die Verordnung vom Jahre 1737 angebahnt war, bestimmt,

„daß an allen Würzburgischen Zollstätten für alle Handelsgüter der ¼.Teil des sonst berechtigsten und bisher gewöhnlichen Zollbetrags erlassen werde, daß ferner für diejenigen Waren, welche von oder zu der Kitzinger Niederlage per Achse oder zu Schiff kommen, der ⅓.Teil des Zolles nachgelassen werde."

Für die nächste Zeit nach der Einrichtung der Kitzinger Handelsniederlage ist vor allem zu berücksichtigen, daß Friedrich Karl von Schönborn, der mächtige eifrigste und energische Förderer des Kitzinger Handels alsbald darauf starb.

Doch war das Interesse an der Handelspolitik einmal geweckt, und da das eigentliche Zeitalter der Aufklärungs- und Wohlfahrtspolitik erst herannahte, so stand zu erwarten, daß die handelspolitische Regierungsthätigkeit noch manche Blüte zeitigen werde.

Sehr viele Güter kamen von Suhl, Schmalkalden und ganz Sachsen, ferner aus Böhmen über Bamberg nach Schweinfurt ans Wasser und wurden von da namentlich auch nach Frankfurt gebracht. Durch die mißlichen Zustände in Franken „wegen der vielen und hohen Zölle und der schlechten Landstraßen" wurden diese Güter vielfach durch den sog. Birkenhayn über Fulda nach Frankfurt gebracht. Es handelt sich deshalb zu Ende der 40er Jahre um die Frage, ob auch den Schweinfurter Gütern, ähnlich wie den Bambergern, ein Zollnachlaß gewährt werden solle. Es wurde zunächst eine Untersuchung darüber angestellt, ob die sächsischen Güter „eadem facilitate et eisdem sumptibus" zu Land durch den Birkenhayn über Fulda nach Frankfurt gehen könnten, d. h. also mit Umgehung des Hochstifts Würzburg. Wenn dies nicht möglich sei, sollte kein Zollnachlaß gewährt werden.

Dieses Gutachten ist bezeichnend für die herrschenden Ansichten. Ohne Rücksicht auf den direkten eignen Vorteil des Landes oder einer bestimmten Niederlage konnte man sich doch noch nicht recht zu Zollermäßigungen entschließen. Der Viertelzollnachlaß für alle Handelsgüter, der von Friedrich Karl eingeführt worden war, bezeichnete die einzige Abweichung von diesem Grundsatz.

Für die Stadt Würzburg wird der Bau eines neuen großen Wag- oder Niederlagshauses zunächst noch nicht durchgeführt, wenn auch in Aussicht genommen.[1]) Die Regierung will erst die Wirkung der neuen Wagordnung abwarten, derzufolge ja alle Güter im Wag- oder Kaufhause hinterlegt werden mußten. Dem Pächter der Wage wird verboten mit Waren, die auf die Wage gehörten, freien Handel

---

1) Das alte Waghaus befand sich beim Markte, also in der Stadt selbst und nicht am Maine.

zu treiben, „man wolle einmal die Probe machen" heißt es in einem Hofkammerprotokoll „ob fremde Kaufleute und Schiffer, welche ihre Waren in Würzburg niederlegen und feilhalten müssen, auch Geschäfte machen, ob die Stadt Würzburg für den Handel geeignet sei."

Dann erst gedenkt man schon jetzt auch in der Stadt Würzburg ein großes Niederlagshaus zu errichten, wie ein solches zu Kitzingen eingerichtet worden war.

Dagegen wurde, wie in einem Straßenbaukommissionsprotokoll erzählt wird, im Jahre 1751 von einer Reihe Würzburger Schiffer nunmehr für die Stadt Würzburg eine wöchentliche Ordinari Fahrt „in Compagnie" nach Mainz und Frankfurt eingerichtet, so daß der Abgang der einzelnen Schiffszüge auf Tag und Stunde genau festgestellt war. Auch Bamberg folgte nach mit der Errichtung der regelmäßigen Schiffahrt bis Würzburg, woselbst die Schiffahrt an die Würzburger Touren Anschluß hatte. Der Zentner Gut kostete von Würzburg bis Mainz bei dieser Einrichtung 45 kr., bis Frankfurt 32 kr., das zollfreie Gut 30 bez. 20 kr.[1]

Auch in Ochsenfurt kam das Kommerzienwesen nach dem Jahre 1746 zur rascheren Beförderung. Im Jahre 1748 wurde zunächst die dortige Schiffsladestelle bis gegen die Mainmühle vergrößert, auch erkannte jetzt der Rat, welcher Vorteil es für die Stadt sei, wenn der Handel und die Schiffahrt noch mehr Aufschwung bekämen, fand aber noch in den hohen Zollsätzen eine Beschränkung und bat während des Interregnums im Jahre 1749 das Domkapitel um dieselbe Zollvergünstigung, welche auch die Nachbarorte Marktbreit, Marktsteft und Kitzingen genössen, welche Plätze zusehends aufblühten; auch wolle die Stadt noch mehr als bereits geschehen, für zweckmäßigere Einrichtung der Ladstätte thun. Es sei doch hier unleugbar der passendste Platz zur Niederlage der Handelsgüter für das Ansbachische, Nürnbergische und Rothenburgische Gebiet, für Bayern und Schwaben.

Bezüglich des Platzes Breit erfahren wir in einem Hofkammerprotokoll (b. J. 1765), daß auch dort eine Niederlage im Laufe des 18. Jahrhunderts errichtet bezw. vergrößert worden sei.[2]

Dieselbe war im Gegensatz zur Kitzinger Niederlage Sache der

---

1) Auch Quetsch a. a. O. erwähnt die damalige regelmäßige Schiffahrt von Mainz nach Steft, Kitzingen und Würzburg und bemerkt hierzu, daß diese Schiffer laut einer kurfürstlichen Verordnung im Mainzischen nicht mehr als 2 Schiffe im Hafen zu Mainz beladen haben durften und daß das Schiff ohne Lichter zu Berg zu fahren gehalten war. Unter diesen Bedingungen scheint also die Ausnahmestellung von dem Mainzer Umschlagsrecht gewährt worden zu sein.

2) Nach Plochmann wurde schon 1675 mit der Einrichtung der Breiter Niederlage begonnen.

Stadt, die fürstl. Schwarzenbergische Regierung nahm keinen Anteil daran und ihre Rentkammer bezog keine Wag- und Krahnengebühren.

Im Jahre 1754 wurde in Marktbreit eine von einem Schlosser gefertigte Schnellwage angeschafft und ein Häuschen auf 4 Rädern darüber errichtet.

Nach der Einrichtung der Niederlagen wäre eine gründliche Revision der Zollrolle, b. h. des dem ganzen Binnenzollwesen zu Grunde liegenden Zolltarifs am Platze gewesen, eine Ausscheidung derjenigen Artikel, deren Eigen- und Speditionshandel man besonders begünstigen wollte und eine Detarifierung der für die heimische Industrie und Volkswirtschaft notwendigen Waren.

In dieser Beziehung ist im Hochstift Würzburg nicht viel erreicht worden. Bei den Verhandlungen wurde vor Allem ins Auge gefaßt die allgemeinere Einführung des Wertzolles an Stelle des Gewichtszolles, doch wurde seitens der Beamten geltend gemacht, daß die Schwierigkeiten, die verpakten Waren auf Art und Wert richtig zu prüfen, zu groß seien und daß es auch unmöglich sei, die Ausstellung richtiger Frachtbriefe zu erzwingen bezw. zu kontrollieren.

Das Ergebnis der langwierigen Verhandlungen und Erörterungen[1]) war die neue hochfürstliche Würzburgische Zollrolle v. J. 1750, an welcher von Reform sehr wenig zu bemerken war.

Eine vollständige Beseitigung der Binnenzölle oder wenigstens eine systematische Tarifierung der Waren kam nicht zu stande, ein diesbezüglicher Vorschlag würde bei den herrschenden Ansichten für nicht diskutabel gehalten worden sein.

Auch in dieser Beziehung war das Ansbachische Territorium dem Würzburgischen späterhin voraus,[2]) nachdem im Jahre 1759 für Ans-

---

1) Der Fürstbischof Karl Philipp zeigte persönlich ein reges Interesse an diesen Reformen: Er billigte ausdrücklich alle Maßregeln, welche eine größere Raschheit im Gütertransport beförderten, die Zusammenlegung der Zollstätten, einmalige Visitation der Güter ꝛc. Er meinte überhaupt, daß man durch solche Reformen am besten den Güterzug in das Land leite und nach Kitzingen. Die Gefahr des Unterschleifes an Zöllen sei bei einer freieren Handelspolitik zwar größer, allein das Interesse des Fiskus könne nicht allein maßgebend sein, und Unterschleife ließen sich doch nie „per certitudinem physicam" hintanhalten.

2) Hierfür kommt in erster Linie die neue Zollordnung vom 31. Januar 1759 in Betracht. In derselben wird festgesetzt, „daß alle ein- und durch das Land bringende Waren den Hauptzoll nur einmal geben, sofern solche nicht eine Zeitlang abgestoßen und auf eine andere Achse gebracht wurden oder in andere Hände kommen; und zwar sollen die durchpassierenden Fuhr- und andere Leut auf benen orbentlichen Heer-, Land- und Kommerzialstraßen bleiben, weil aber viele davon abweichen und in fraudem des Zolls Nebenwege suchen, so sind die Wehrzölle eingerichtet und also in effectu keine neue Zollstätte, wie einige vorgegeben, weil derjenige, der auf den Hauptstraßen bleibt und den Zoll

bach eine neue Zollordnung eingeführt worden war. An dieser Zollordnung ist vor Allem sehr bemerkenswert der bei den fränkischen Territorien wohl einzig dastehende Versuch, in dem kleinen offenen Territorium ein gewisses handelspolitisches System einzuführen, den Zoll im wesentlichen an die Grenze zu verlegen und die einheimische Industrie durch das Zollwesen zu begünstigen.

Hier scheint auch die Durchführung eine der Absicht entsprechende gewesen zu sein. Denn noch späterhin wird in der Würzburger Hofkammer auf das ansbachische, für die dortigen eigenen Unterthanen so zweckmäßige und milde Zollsystem hingewiesen und mitgeteilt, es werde in Brandenburg-Ansbach an Zoll nur erhoben:

10 kr. 1 Pfg. von 1 Eimer Branntwein,
5 „ 1 „ „ 1 „ gemeinen Wein,
5 „ 1 „ „ 1 Ztr. Zucker, Rosinen und dergl.,
5 „ 1 „ „ 1 „ Brenn- und Baumöl,
10 „ 1 „ „ 1 „ Schmalz und dergl.,
45 „ 1 „ „ 1 „ Feder und Bettwerk und dergl.,

an denen Zollstätten entrichtet, auf den Wehrzollstätten allemal frei ist, auch überhaupt im ganzen Fürstentum unterhalb des Gebirgs der Hauptzoll nur einmal genommen wird." Ferner wird bekannt gegeben, daß der Zoll auf der zunächst betretenen Zollstatt entrichtet werden muß; dann: „die bei der ersten Zollstatt erhaltende Zoll- oder Adlerzettel müssen auf allen nachfolgenden Zollstätten vorgezeigt, signiert und auf der letzten Zollstatt abgelegt werden." — —

„— — Wer von der erst vorliegenden Zollstatt abweicht, ohne den Zoll zu entrichten, ist als ein Defraudant, von jedem unterschlagenen Kreuzer Zoll, einen Reichsthaler Straf zu erlegen schuldig, deswegen sich an den Fuhrmann und dessen Pferd zu halten ist."

„— — Auf einen Güterwagen sollen nicht mehr als 40 bis höchstens 48 Zentner Gut geladen und von den Zöllnern die Frachtbriefe und Ladezettel genau eingesehen, auch visitieret werden, ob unterwegs keine neuen Güter zugeladen und der Zoll davon nicht entrichtet worden."

„— — Diesseitige Unterthanen bleiben von ihren selbst erbauten Getreid, ingleichen was sie zu ihrer Haus-Notdurft an Vieh-Fütterung und sonstiger Bedürfnis brauchen gegen Vorzeigung eines amtlichen Attestats frei, hingegen sind alle Sachen, so man zur Treibung der Gewerbe brauchet, zu verzollen, ausgenommen die rohen Waren, so zu den Fabriquen gebraucht, und auswärts hereingeführet und im Land verarbeitet werden, als Schaf-, Baum-Wolle, Flachs, Hanf, Horn, rohe Häut und Felle." (!)

„— — Den wahrhaften Anzeigern von Zollbefraudationen und Schalkungen wird das Drittel der Strafe verwilligt, dagegen sollen falsche Denunzianten Schaden und Unkosten ersetzen."

„— — Über diese Ordnung strikte zu halten, werden alle Ober- und Beamte, Zoll-Kommissarien, Bereuter und Offizianten ernstlich angewiesen, dabei ihnen gleichmäßig befohlen, denen Durchreisenden allen fordersamen guten Willen zu erweisen, die Konservation der Straßen, Brucken und Wege sich eifrig angelegen sein zu lassen und hiezu die Dorfschaften auf ihre Markungen anzuweisen.

3 kr. 1 Pfg. von 1 Ztr. gemeinem Gut,
5 „ 1 „ „ 1 Malter Erbsen, Linsen, Waizen, und dergl.,
4 „ 1 „ „ 1 „ Korn.
3 „ 1 „ „ 1 „ Haber.

Dieser Zoll werde an der Haupt- oder Anzollstätte eingenommen, an den übrigen Zollstätten würden nur die üblichen Weggelder erhoben.

Dieser Zolltarif war vernünftig, er betraf einige Konsumartikel und stellte eine indirekte Steuer für die Bewohner des Territoriums dar. Die Industrie mußte bei diesem Zollsystem ungleich mehr gefördert werden, als bei der Würzburgischen Zollrolle, nach welcher ohne Rücksicht auf Handel und Industrie und ohne jeden volkswirtschaftlichen Gesichtspunkt von allen erdentlichen Artikeln Zoll erhoben wurde und zwar nicht bloß an der Grenze, sondern an allen den zahlreichen Binnenzollstätten.

Bei alledem ist es zu verwundern, daß bei den Verhandlungen über die neue Zollrolle in Würzburg auch noch zahlreiche Stimmen für eine Verschärfung der Zölle eintraten.

Es wurde geltend gemacht, daß andere Territorien noch viel höhere Zölle hätten z. B. die schwäbischen. Im Sächsischen zahle ein Fuhrpferd 36 kr., im Flämischen 30 kr., in Erfurt 15 Groschen auf jeder Zollstation. Noch höher seien die Zölle im Hanauischen, Kölnischen und Westfälischen. Im Hochstift Würzburg komme dagegen bei der üblichen Verzollung nach dem einzelnen Zentner (statt nach dem Fuhrpferd) kaum die Hälfte soviel Zoll auf ein Fuhrpferd als in jenen Territorien.

Die Neupublikation der Zollrolle wäre die passende Gelegenheit gewesen auch bezüglich des Judenleibzolles, der ja in der Zollrolle einen hervorragenden Platz einnahm, fortschrittliche Reformen durchzuführen.

Der Judenzoll hatte der hochstiftlichen Handelspolitik das ganze 18. Jahrhundert hindurch zu schaffen gemacht.[1]) Dabei bekommt man beim Studium der Quellen stets den Eindruck, es handle sich beim Judenzoll nicht bloß um eine willkommene fiskalische Einnahme, sondern um eine schutzzollähnliche Abgabe auf den Handel der Juden, um durch diese Belastung den Handelsgeist des jüdischen Stammes einigermaßen niederzuhalten.

---

1) In der Dekretensammlung (der Würzburger Universitätsbibliothek) findet sich z. B. aus dem Jahre 1745 eine Instruktion bezüglich der Erhebung des Judenzolles, dann aus dem Jahre 1760 infolge überhandnehmenden Wuchers eine ausführliche Judenordnung, welche jedoch nicht den Judenzoll, sondern die Verhältnisse, besonders den Handel der Juden im allgemeinen betraf.

Hänle[1]) ist dagegen der Meinung, daß der Zoll hauptsächlich die Person (oder wohl eigentlich die Konfession) treffen sollte und führt aus: „damit aber das Prinzip des Leibzolles, das Entwürdigende desselben, ja nicht in Vergessenheit komme, wurde 1720 in einem Ausschreiben bei Gelegenheit des Umstandes, daß einzelne fremde Juden am Samstag den Leibzoll deswegen nicht entrichten wollten, weil sie an diesem Tage nicht handelten, eingeschärft, der Zoll betreffe nicht den Handel, sondern die Person des Juden."

Bei der Einführung der neuen Zollordnung wurden sofort „schutzzöllnerische" Wünsche hinsichtlich des Judenzolles laut. Es wurde geltend gemacht, daß im Mainzischen, Fuldischen, Hanauischen und im Ritterschaftlichen Gebiet ein gehender Jude — auch bei einem Gang in ein benachbartes Städtchen — ½ Kopfstück zahle, ein reitender aber noch viel mehr, während im Hochstift ein ausherrischer Jude gegen die Vorzeigung eines Hofkammerzeichens mit 1 Pfennig Zoll abgefertigt werde.

Man will einen höheren Zoll auf die Juden, „damit dieselben vom Lande ausweichen und wenn sie kommen, dem Zollregal wenigstens viel eintragen". Die Erörterungen über diesen Schutzzoll auf die Juden werden mit viel Eifer geführt, „wegen der Wichtigkeit der Sache", und berühren uns oft sehr komisch. Eine Quelle von Gesichtspunkten für unsere modernen Antisemiten, ein noch unbebautes Gebiet: das antisemitische Prinzip auf die Handelspolitik zu übertragen und mit Hilfe von Schutzzöllen, Ausfuhrprämien, Identitätsnachweis ɔc. die „Judenfrage" zu lösen!

Der Zoll auf die Juden in der neuen Zollrolle blieb jedoch niedrig: 1 Pfennig von einem „reitenden, gehenden und fahrenden Juden", 1 Gulden von einem „toten alten Juden". Später wurde auch ein Zollnachlaß auf „tote Juden" eingeführt[2]) infolge Bittgesuches der Kitzinger Judenschaft, welche über die Herabsetzung dieses Zolles um ½ Gulden erfreut war. Auf dem Judenkirchhof zu Röttelsheim bei Kitzingen war ein Rabbiner, ein Totengräber und ein Zöllner angestellt und wohnhaft, und letzterer hatte „von einem alten Juden, Mann oder Weibsperson, so daselbst begraben wird und über fünfzehn Jahre alt ist, 1 Gulden und von einem Jungen, so unter 15 Jahre alt ist, ½ Gulden als Zoll zu erheben". Bezeichnend bleibt nur, daß diese Abgabe gerade als Zoll erklärt wird, die Juden also wie eine Ware betrachtet wurden.

Nach der Einführung der neuen Zollrolle finden wir eine weitere Aktion im Jahre 1752. Wie in den Hofkammerprotokollen dieses

---

1) Hänle: „Geschichte der Juden im ehemaligen Fürstentum Ansbach" 1867.
2) Nach J. Beck: „Tractatus de juribus Judäorum" Cap. 15 § 2 wurde dieser Totenzoll nur an einigen Orten Deutschlands erhoben.

Jahres erzählt wird, wurde um diese Zeit seitens Kur-Mainz der Leibzoll für Würzburgische Juden auf 10 Kreuzer pro Tag erhöht. Es wurden nun von der Würzburger Regierung Retorsionszölle auf die Kurmainzischen im Würzburger Lande handeltreibenden Juden verlangt.

Einige zu Protokoll Vernommene erklärten, durch solche Retorsionen bekomme man eine Schraube ohne Ende; Mainz werde dann auf 20 kr. steigen und die Geschädigten seien die Juden. Die Regierung ordnete über diese Frage eine Enquête bei allen Ämtern an. Des weiteren wurde von Kur-Mainz nicht mehr wie bisher der Judenleibzoll in Bestand gegeben, sondern von jedem einzelnen Würzburger Juden, wo immer er sich auf Mainzischem Gebiete befand, 10 kr. pro Tag abverlangt.

Die Würzburger Regierung will auch in dieser Beziehung Retorsionen üben. Die Judenschaft macht aber geltend, daß die handeltreibenden Juden durch diese Streitigkeiten sehr geschädigt würden, nachdem das Mainzische Gebiet bei dem Besuch der Frankfurter Messe nicht umgangen werden könne. Und nur um den Transitus durch die Mainzischen Lande handle es sich, nicht auch um eine Handelsschaft auf Mainzischem Gebiete. Denn die Würzburgischen Juden durften auch bei einer Abgabe von 10 kr. täglich im Mainzischen keinen Handel treiben, sondern zahlten diese Abgabe nur für den Aufenthalt.

Im Jahre 1766 wurde eine Verordnung über den Judenleibzoll erlassen, in welcher besonders die bestehenden Zollunterschleife geahndet werden und bei exemplarischer Strafe befohlen wird, „daß kein einziger ausherrischer oder ritterschaftlicher Schutzjude ohne gedrucktes und von der hochfürstlich-würzburgischen Hoffammer der ritterschaftlichen Judenschaft in Franken erteiltes Leibzollzeichen mehr passieret."

Soviel über den Judenleibzoll im Würzburgischen Territorium. In anderen fränkischen Gegenden waren die Verordnungen nicht anders oder noch schärfer.[1]

---

[1] Für die Verhältnisse im brandenburgischen Franken enthält Material die mehr erwähnte Verordnungsammlung (Real-Index ꝛc.) unter dem Kapitel „Juden". Eine dieser Verordnungen vom 12. März 1712 besagt:

„Zoll von der Juden Leiber betreffend, die geordnete 15 kr. Leibzoll sollen von einem jeden fremden und nicht in dies herrschaftlichen Schutz sitzenden Juden alle 24 Stund strictissime behauptet, und in die erteilende Zollzettel die Stund der Erlegung exprimiret werden."

Später heißt es (in der Zollordnung vom Jahre 1759).

„Fremde Juden, die nicht im Schutz stehen, müssen alle 24 Stund den Leibzoll vor sich und ihr Pferd bezahlen und zwar auch am Sabbath, deswegen die Stunde des gelösten Zollzettels in solchem deutlich zu notieren ist, und solle deswegen ohne hochfürstl. Kammerzeichen keiner frei passieren, wenn hingegen ein solcher nur

Geleitsrecht, Zoll- und Niederlagswesen waren die hauptsächlichsten Gebiete auf denen die beginnende Reformpolitik eines regeren Zeitalters wirksam war. Von sonstigen Gegenständen des Kommerzienwesens und der Reformen auf dem Gebiete der Handelspolitik ist noch hervorzuheben die Einsetzung¹) einer **ständigen Kommerzienkommission** im Hochstift Würzburg, als deren Aufgabe bezeichnet wird: „Das Kommerzienwesen zu fördern, speziell die Transportierung der Güter nach Kitzingen und nicht nach Steft." Der Fürst Friedrich Karl erklärte der Kommission „**je weniger in voriger Zeit in Sachen des Kommerzienwesens geschehen ist, um so bedachtsamer jetzt darauf zu denken, erfordert die allgemeine Wohlfahrt**".

Die Kommerzienkommission bestand bis gegen Ende des Jahrhunderts, spielt in der kommerziellen Wohlfahrtspolitik eine wichtige Rolle, und ihre Konferenzen und Enquêten bilden den weitaus brauchbarsten Bestandteil des Aktenmaterials. Von Wichtigkeit ist ferner, daß für Würzburg und Kitzingen auch ein ordentliches Wechselrecht ausgearbeitet wurde, wobei namentlich geprüft werden sollte, ob das onolzbachische oder sonst ein anderes von den vielen im römischen Reiche gebräuchlichen Rechten zur Einführung passe, da Gleichmäßigkeit in solchen Dingen ein Vorzug sei. Die Akten über die neue Würzburgische Wechselordnung (1746) dann über handel- und konkursrechtliche Reformen sind jedoch in erster Linie vom rechtsgeschichtlichen Gesichtspunkte aus zu betrachten und berühren die Handelsgeschichte nur mittelbar.

Die 1669 gegründete **Korporation der Würzburger Handels-Innung** „die Handlungskompagnie zu Pferd"²) wird

---

zu Hochzeiten, Beschneidungen, Begräbnissen ꝛc. ohne Handelschaft ins Land kommet und 8 Tage darinnen verbleibet, so ist er nur vor den ersten und letzten Tag zu zahlen schuldig.

Würde ein Fremder sich vor einen diesseitigen ausgeben, oder ein hiesiger den Fremden durchhelfen, so soll dieser mit dem Staubbesen bestraft, jener aber des Schutzes verlustig sein."

Über die Juden hinsichtlich des Handels in den einzelnen europäischen Ländern und besonders auch in den deutschen Staaten im 18. Jahrh. s. Näheres bei Ludovici a. a. O. (Art. Juden.)

1) Die Hoskammer bittet im Jahre 1751 gelegentlich der Verhandlungen über das große Main-Donau-Chausseeprojekt Würzburg-Günzburg den Fürsten, er möge jetzt „nachdem voraussichtlich das Kommerzienwesen immer mehr in den Vordergrund treten werde, die Hoskammer aber mit so vielerlei Geschäften belastet sei, eine eigene Kommerzienkommission aus gelehrten Hoskammer- und anderen Räten wie nicht minder auch aus Handels- und anderen Merkantilverständigen errichten."

2) Material für eine nähere Darstellung dieser Handlungs-Innung findet sich in den Akten derselben, welche in dem Archiv der unterfränkischen Handels-

gleichfalls dem allgemeinen Verbesserungstrieb auf kommerziellem Gebiete unterworfen.

---

kammer aufbewahrt werden (Begründungsurkunden, Protokollbücher, Rechnungen, Prüfungsprotokolle 2c.). Die Begründungsurkunden der Würzburger Handelsinnung sind aus den Jahren 1699, 1709 und 1742. Die Handelsordnung des Fürsten Johann Philipp vom Jahre 1699 erwähnt einleitend die zahlreichen Mißbräuche, welche sich in der Handlung eingeschlichen hätten dadurch, daß viele, die Profession ausüben, ohne sie gründlich erlernt zu haben, u. a. m.

„Damit nun künftig hin die Würzburger Handelsschaft zu besserem Flor gelange und die Kaufleute in beständiger guter Einigkeit miteinander leben, sollen dieselben mit einer Satz- und Ordnung versehen und privilegiert werden; und zwar sollen:

1. sämtliche Seiden-, Wollen-, Leinwand-, Spezerei-, Tuch- Posamentierwaren- und andere Händler der Stadt Würzburg in comunione und in einem unzertrennlichen corpore zu ewigen Zeiten sein und verbleiben, und damit diese ihre aufgerichtete Union um so beständiger sei, sollen
2. aus diesem corpore 20 Personen zu Vorstehern der Handlung nach Größe der Profession gewählt werden zur Ausmachung der in der Handelschaft so oft vorkommenden Streitigkeiten, dabei aber keine Jurisdiktion, Bestrafung, oder was sonst in die Zivil-, Kriminal- und Polizeisach einlaufet, angemaßet werden.
3. Aus den 20 Vorstehern sollen wieder 5 ausgewählt werden, welche auf die Einhaltung der Mandata, sowie auch auf die Einhaltung dieser Handlungsordnung selbst und namentlich auch darauf sehen sollen, daß im Warenhandel ein billiger Preis durchgehends observieret und niemand übernommen werde.
4. Es darf zu ewigen Zeiten keiner in die Versammlung aufgenommen werden, er habe denn zuvor bei einem ehrlichen Handelsmanne zu Würzburg oder auswärts seine Lehrjahre wenigstens fünf Jahre lang erfüllt und außerdem zu seiner Vervollkommnung noch drei Jahre serviert.
5. Die Söhne ansässiger Kaufleute genießen vor den extraneis wie billig und auch andern Orts herkömmlich den Vorzug, die Handlung bei ihren Eltern erlernen zu dürfen und sind frei von dem Zwang der Lehr- und Servierjahre, dürfen aber vor dem 20. Jahre von keinem fremden Prinzipal aufgenommen werden.

Als Beschwerdeinstanz gegen Entscheidungen der Handlungsvorsteher wird der geheime Rat und Kanzler hingestellt, der als Oberrichter gilt; außerdem sind sämtliche Verwaltungsbeamte angewiesen, die Privilegien der Handelsinnung zu schützen und alle notwendige Hilfe zu Teil werden zu lassen."

Der Fürst hatte selbst eine baldige Ergänzung dieser Handlungsordnung in Aussicht gestellt und erließ im Jahre 1709 eine diesbezügliche Verordnung. Hiernach mußte jeder in die Korporation Aufgenommene von nun an ein gewisses Einlagegeld in die gemeinschaftliche Kasse der Innung im Verhältnis zu seiner Handlung bezahlen. Die Hälfte dieses Betrags bekam der Kanzler als Oberrichter, die andere Hälfte die Innung.

Einige weitere Bestimmungen betreffend die Lehrjungen, die Strafen und die Innungszusammenkünfte sind ohne besonderes Interesse. Wichtiger war, daß

Es werden ohne Verbindung mit der Kommerzienkommission neue Handlungsvorsteher mit Sekretären in Würzburg und Kitzingen eingesetzt, auch kam es in den Jahren 1742, dann 1750 und 51 zu Verordnungen bezüglich der Handels-Innung selbst, und wurde dadurch die alte Handlungsordnung aus den Jahren 1704 und 1709 und die Inkorporationsurkunde vom Jahre 1699 in einigen Punkten alteriert.

Veraltet war die ganze Organisation der Kaufmannschaft und es wäre auch hier eine gründliche Reform am Platze gewesen. Allein dazu kam es nicht, man bemerkte vielmehr, daß diese Handlungsord-

nunmehr jeder in die Innung Eintretende durch einen Eid auf die Handlungsordnung seinen Gehorsam beschwören mußte. Die Organisation verblieb: Der Kanzler oder Oberrichter, die fünf ausgewählten Vorsteher, die zwanzig Vorsteher und das Plenum.

Während bisher nicht jeder Kaufmann Mitglied der Innung sein mußte, wird jetzt, „da sonst eine ordentliche Polizei nicht möglich ist", jeder gezwungen, der Innung beizutreten, außerdem wird sein Laden geschlossen; letzteres gilt auch für den, der aus der Innung ausgeschlossen wurde, ein solcher kann ebenso wie ein Bankerotteur ohne fürstliches Spezialdekret nicht wieder handlungsfähig werden. Außer der Meßzeit darf niemand in offenen Buden verkaufen, ebenso ist das Hausieren verboten und darf die Innung die Hausierer arretieren und deren Waren konfiszieren. Speziell bezüglich der Meißner und Reichenbacher Tuchhändler, denen der Handel in Mainz, Bamberg und Schweinfurt verboten war, und die sehr viel geringe Tücher ins Würzburgische einführten, wird befohlen, daß diese Händler zwar während der Meßzeit verkaufen dürfen, aber nur solches Tuch, welches „gerechtes Kaufmannsgut, recht im Gebänd und Fäden, zur Nabel bereitet, weder in der Länge noch in der Breite gereckt und gestreckt, besichtigt, gestempelt und gesiegelt ist, davon die Elle über 6 bis 9 gute Batzen wert ist". Spezielle Regeln werden auch für die Händler mit Weißzeug, Zitronen und Pommeranzen aufgestellt.

Namentlich soll aber keiner bei Strafe „sich gelüsten lassen", einem anderen seine Kundschaft abzuspannen und die Kunden selbst aufzusuchen, sondern jeder soll in seinem Laden hübsch abwarten, ob einer zu ihm kommen mag.

Infolge vieler nachteiliger Mißbräuche und Zuwiderhandlungen gegen die Handlungsordnung wird die letztere im Jahre 1742 erneuert. Die Söhne ansässiger Handelsleute sind darin nicht mehr so privilegiert, an Stelle des Oberrichters tritt ein Schiedsgericht aus Handlungsmitgliedern. Verordnungen vom Jahre 1750 und 1751 regeln Kompetenzstreitigkeiten einzelner Branchen.

Die Handelsinnung paradierte natürlich auch bei den militärischen Bürgerkorps und zwar als „Handlungskompagnie zu Pferdt". Zu Beginn des 19. Jahrhunderts wird aber geklagt, daß die jüngere Generation an den Paraden und Aufzügen gar keine Freude mehr habe. Der Stadtrat dekretiert deshalb, daß die Kaufleute auch ohne Uniform, aber in anständigen Kleidern und mit Degen und Stiefeln marschiren dürfen, daß aber das Fernbleiben strengstens geahndet wird. Die Handlungskompagnie hatte einen Oberst, einen Rittmeister, einen Ober- und Unterlieutenant, einen Cornet und Wachtmeister. Oberst der Handlungskompagnie war zu Beginn des 19. Jahrhunderts der Freiherr von Würtburg, dessen Geschlecht sich auch heute noch durch reges Interesse an der Entwickelung des Würzburgischen Handels auszeichnet.

nung wieder strenger eingehalten werden müsse, es sei künftig nicht mehr zu gestatten, daß jemand eine Handlung betreibe, der dieselbe nicht ordentlich gelernt habe, auch müsse das oberste Regulativ bezüglich des Handels- und Gewerbestandes stets dem Fürsten gewahrt bleiben, da es sich von selbst verstehe, daß der gnädigste Landesherr den Handelsstand zu mindern und zu mehren nach höchstem Belieben jederzeit die freie Hand haben müsse.[1]

Wie wenig Selbständigkeit die Handelsinnung jetzt noch hatte gegenüber den Fürsten des Aufklärungszeitalters, das beweisen die Monopolbestrebungen einiger, bei dem Fürsten besonders beliebter Kaufleute; so bittet der Kitzinger Großhändler und Kommerzienrat Wahler den Fürsten ganz unterthänigst, „durch hochfürstlichen gnädigsten Befehl gnädigst anordnen zu wollen, daß ihm keiner in dem Geschäft einen Eingriff thue und alle Schiffleute an ihn angewiesen werden, so daß das Direktorium des ganzen Handelsverkehrs lebenslang bei ihm verbleibe und sein Deszendent es nach ihm erhalte; denn wenn es anders traktieret wird, werden immer im Handel entsetzliche Konfussionen sich zeigen, die ich Weitläufigkeit halber umgehe, die Zeit wird dies ja genug verifizieren."

Die von ambulanten auswärtigen Händlern besuchten kleinen

---

1) Den auf Reform der Handelsordnung und überhaupt freierer Organisation des Handels und Gewerbes gerichteten Bestrebungen gegenüber stellte Friedrich Karl seine Ansicht in folgendem fest: „Es ist vor allem darauf zu sehen, daß die Nahrung nicht zu viel geschwächt werde und einer dem anderen beschwerlich falle, ebenso verhütet werde, daß nicht zu unbilliger Eigennützigkeit und unmäßiger Gewinnsucht die Zahl der Kaufleute und Handwerker gar zu sehr eingeschränkt und das gemeine Wesen dadurch dergestalten beschädigt werde, daß man schlechte Waren und liederliche Arbeiten teurer als anderweitig die guten bezahlen müsse, weil man aus Abgang der besseren solche zu nehmen genötigt ist und mancher sie von anderwärts zu beziehen gewogen werde. Die Ursach zu Vermeidung der allzu genauen Einschränkung wird bei denjenigen Handwerkern für noch stärker erachtet, deren Arbeiten an anderen Orten zum Verkaufe gesandt werden und die gleichsam in eine Kaufmannschaft mit einschlagen. Es hat sich gar nicht selten ereignet, daß auch Söhne von allhiesigen Bürgern, welche ihr Handwerk und Profession wohl und besser als andere dahiesigen Meister in auswärtigen Orten erlernt haben, solche allhier zu treiben unter dem Vorwande der schon erfüllten Meisterzahl gehindert und also aus ihrem Vaterlande mit betrüblicher Härtigkeit gleichsam ausgewiesen werden, wohingegen bei ihrer Annahme es dennoch auch den anderen an ihrer erklecklichen Nahrung nicht mangeln würde, wenn nur Fleiß und Geschicklichkeit bei ihnen nicht fehlet. Die Faulheit und Ungeschicklichkeit jedoch mit Nachteil des gemeinen Wesens und mit Kränkung fleißiger und tüchtiger Leute zu schützen und den Landesherrn selbst von erträglichen Unterthanen zu berauben kann nicht ratsam sein und ist auch in den Ländern, wo das Gewerb und die Handelschaft am mehrsten florieret eine ganz andere Weise beobachtet worden."

fränkischen Messen, besonders die von Würzburg,[1]) Bamberg, Schweinfurt, Königshofen a./T. und andere trugen viel dazu bei, daß der

---

1) In Würzburg bestanden folgende Jahres-Messen:
1. Die Kiliani-Messe, welche am 9. Juli begann und am 27. Juli sich endigte;
2. Die Allerheiligen-Messe, Anfang den 2. und Ende den 24. November.
3. Die Mitfasten-Messe, Montags nach dem Sonntag Okuli anhebend und Mittwochs vor dem Palmsonntag schließend (Scharold: Würzburg und seine Umgebung).

Unter diesen drei Jahrmessen war in alter Zeit die Kiliani-Messe die am meisten besuchte. Der Magistrat pflegte sie acht Tage „auszuschreien" und traf stets gewisse Vorsichtsmaßregeln für die öffentliche Sicherheit. Am Tage vor Kiliani mußten vor jedem Hause auf die Gasse einige gefüllte Wasserkufen oder Butten gestellt und bis zu Ende der Messe stehen gelassen werden, um bei entstehendem Brande schnell löschen zu können. Kein unbekannter oder verdächtiger Fremder durfte beherbergt werden. In allen Distrikten der Stadt wurden die Bürgerwachen verdoppelt und jeder Bürger ward angewiesen, seine Wehren für den möglichen Fall eines Volksauflaufes bereit zu halten. Zur Nachtwache im „Grünbaum" wurden 30 Mann nebst 1 Ratsherrn und 1 Viertelmeister beordert. Manche der vielen Thore wurden ganz geschlossen, um die Aufsicht auf die Menge zu vereinfachen, welche herbeiströmte, um dem Kiliansfeste und dem drei Tage andauernden Kilianstanze beizuwohnen, den der Adel, meist die jungen Domherren ꝛc. im Grünbaum und das „gemeine" Volk von Stadt und Land im sogenannten Rückermaingebäude aufführten. Der letzterwähnte Tanz, zu welchem das ehemalige Ritterstift zu St. Burkardt den Wein um ein Spottgeld verzapfen zu lassen verbunden war, kam erst zu Anfang des neunzehnten Jahrhunderts außer Übung.

Eine andere Gewohnheit bei der Kilianimesse bestand darin, daß dieselbe durch ein fürstbischöfliches Patent am Vorabend des St. Kiliansfestes öffentlich und mittels Anschlags an die Stadtthore verkündet wurde. Während des leidvollen Schwedenkrieges erlosch dieselbe. Fürstbischof Johann Philipp erneuerte sie aber im Jahre 1654 und am 1. Juli Nachmittag wurde das erwähnte Patent durch den damaligen jüngsten Regierungskanzlisten Johann Moser, der einen Schimmel ritt und 3 Stadtknechte zu Begleiter hatte, bei der bischöflichen Kanzlei am Dom, dann bei dem Grünbaum und zuletzt am Sanderthor laut verkündet und von den Stadtknechten an alle äußeren Stadtthore angeheftet. Hierauf ritt der Verkündiger abermals zu dem Grünbaum, wo ihm die Ratsherren tapfer zutranken, und wie das Ratsprotokoll selbst bemerkt „neben vieler böser Münz einen schönen Goldgulden verehrten".

Auch diese Gewohnheit hörte endlich mit der fürstbischöflichen Regierung auf. —

Den Meßbesuchern wurde auch landesherrlicher Schutz, Frieden und sicheres Geleit gewährt. „Von welchem höchsten Schutz aber ausdrücklich alle diejenigen ausgeschlossen werden, welche in des heiligen Römischen Reichs Acht verfallen, denen die Betretung der hiesigen fürstlichen Residenzstadt Würzburg verboten, die gegen Pflicht und Eid ausgetreten, die gegen die kaiserlichen und Reichsverordnungen irrige und verbotene Bücher, auch Läster- und Schmähschriften verkaufen, auch alle Streuner und liederliches Gesindel, welche ohnehin vermöge ergangener Reichs- und Kreisesverordnungen sich der Gutthat allgemeiner Sicherheit nicht zu erfreuen haben."

Handelsstand lange nicht recht selbständig wurde und Mangel an Unternehmungsgeist zeigte.

Ein anderes mit dem Kommerzienwesen in enger Beziehung stehendes Gebiet wäre das Maß- und Gewichts-[1]) und das Münzwesen.

Auch hier müssen wir uns mit einigen Andeutungen begnügen.

Es herrschte in Franken bezüglich des Maßes und des Gewichtes ein großes Durcheinander. Die Versuche Kaiser Karl V., Reformen auf diesem Gebiete durchzuführen, waren nicht von dauernder Wirkung, und so finden wir in jeder deutschen Provinz und fast in jeder deutschen Stadt eine große Verschiedenheit im Maß und Gewicht. Im Fürstentum Ansbach[2]) z. B. gab es 25 verschiedene Ellen, faßt 30 verschiedene trockene und 40 verschiedene flüssige Maße, auch acht verschiedene Arten von Gewicht.

Der in den brandenburgischen Fürstentümern bestehende Münzfuß[3]) war der Konventions- oder 20 Guldenfuß, der aber hinsichtlich des Zahlwerts schon längst im Reich dahin abgeändert war, daß die Mark Silber zu 24 Gulden ausgegeben wurde.

Diese Gulden nannte man gewöhnlich Gulden rheinischer Währung. Im Handel und Wandel wurde alles hiernach, nach Kreuzer, deren 60 auf einen Gulden und nach Pfennigen, deren 4 auf einen Kreuzer gingen, gerechnet.

Die fränkischen Gulden waren um 25 Prozent besser als die rheinische Währung.

Diese fränkischen Gulden waren aber eine bloße Rechnungsmünze, die nicht wirklich existierte.[4]) An groben Sorten kursierten in Franken, Schwaben und am Rhein hauptsächlich französische Laubthaler, deren

---

1) Näheres hierüber s. Schöpf a. a. O. Göß a. a. O. Im Würzburgischen hat sich um die Reform des Maßes und Gewichtes zu Beginn des 19. Jahrhunderts Huberti sehr verdient gemacht.

2) Goeß a. a. O.

3) Hardenberg a. a. O.

4) Der in Franken übliche 24 fl. Fuß war kein besonderer Münzfuß, sondern nur eine Erhöhung des äußeren Wertes der nach dem 20 fl. Fuß geprägten Münzen, so daß also 20 fl. = 24 fl. galten, das 20 kr.-Stück = 24 kr., 10 kr. = 12 kr., der Batzen = 5 kr. und 1 fl. = 1 fl. 15 kr.

Die Themata:

„Silber- und Goldsortenpreis"

„Silberpreis wegen Ausmünzen"

„Schillinger und Dreyer Münzung"

„Schillinger Münzungseinhalt"

„Scheidemünzen hier- und außer Land"

„Münzsorten verschiedener Gattung" wie solche an Preis anzunehmen.

„Münzsorten, so gering, und als Schiedsmünzen-Devalvirung 2c."

innerer Wert zwar nur 2 fl. 41—43 kr. war, die aber wegen ihrer Brauchbarkeit im Handel für 2 fl. 45 kr. angenommen wurden.

Die Bestrebungen, so heißt es in einem Hofkammerprotokoll vom Jahre 1751, dem „bisher zerrütteten" Münzwesen eine bessere Ordnung zu geben und speziell die geringhaltigen Münzen und deren „vom Halsesschaffung" machen der Kommerzialpolitik viel zu thun.

Viel Mühe machte auch der Würzburger Regierung die gewerbsmäßige Agiotage, wie aus den Hofkammerprotokollen sich ergibt. Dieselbe wurde meist von Ausländern und von Juden betrieben, welche ständig in den Postwägen herumreisten, um die guten neuen Münzen eines Landes zu bekommen gegen schlechtes Geld, namentlich auf dem Lande bei den Bauern.

Auf diese Weise ging, wie in der Hofkammer geklagt wird, das gute Geld stets wieder auf den Postwägen zum Lande hinaus.

Die Verordnung vom 31. Oktober 1740, betreffend die Ausfuhr guter Geldmünzen und ungeprägten Goldes und Silbers, die Verrufe, welche über verschiedene Münzen verhängt wurden, die Warnungen an die Unterthanen, die Rezesse, welche mit dem kaiserlichen Postamte gegen die Ausfuhr von Münzen auf den Postwägen geschlossen wurden, scheinen ebensowenig geholfen zu haben, wie die Maßregel, daß alles Geld auf Postwagen gerade wie Juwelen und andere teure Kaufmannswaren verzollt werden mußte.[1])

„Silberlieferungen von Juden zum Ausmünzen"
„Batzen und Schillingerdevalvation"
„Geldereinschickung der Landämter wegen Münzabwürdigung"
„Münzdevalvationskundmachung den Unterthanen",
dann die Proben neuer ausländischer Münzen und die Verrufung einzelner ausländischer Münzsorten, die Abrechnung mit den verschiedenen Geldfüßen, dem österreichischen, dem Konventionalfuße 2c., alle diese Dinge sind ständige, ungemein häufig wiederkehrende Gegenstände der Hofkammertagesordnung.

1) Eine recht drastische Schilderung der Agiotage und des deutschen Münzwesens überhaupt in der Mitte des 18. Jahrhunderts finden wir in einer Mainzischen Denkschrift des Kaufmanns Andreä in Erfurt, auf welche wir später noch zurückkommen werden, da heißt es:
„Das heilige Römische Reich führet aber alle dergleichen Sorten, nehmlich Gold-, Silber- und Kupfer-Münze nach unterschiedlichem Valor und nach mehreren Gepräge, wie die häufigen roullirenden Münzen offenbarlich bezeugen. Ja man hat sogar verschiedene imaginäre Sorten, welche gar nicht in rerum natura existiren, demnach werden in dergleichen viele Rechnungen geführt, nach welchen sich Kauf- und Handelsleute richten müssen, und die Praxis und Erfahrung zu ihrem Wegweiser haben, denn auf solchem Fuß handelt die Stadt Hamburg viele Waaren nach dem Pfunde Flämisch, die Stadt Cöllen führet Reichsthaler zu 78 albus, da andere Reichsstädte den Rthlr. auf 90 kr. rechnen, von welchen Thalern ebenso wenig welche geprägt werden, als in einigen Städten theils Meißnische, theils Fränkische Gulden eingeführet, und ebenso wenig als die Rthlr.

# Das Postwesen, seine technische Einrichtung, die Verträge mit

von 90 fr. anzutreffen sind, andere Länder haben dergleichen ebenfalls in usu und muß sich ein jeder, der dahin Commerce treiben will, ohnumgänglich gefallen lassen, daß er zur Bezahlung derer daher kommenden Waaren einer jeden Nation solches Geld verschaffe, welches in ihrem Lande kann genutzet und ausgegeben werden. Zu welchem Ende in wohleingerichteten Handelsstädten die reichen Kapitalisten ein Geldnegotium exerciren, durch welches Sie die Besorgnis auf sich nehmen, die benöthigten Gelder in denen entferntesten Ländern auszuzahlen zu lassen.

So nützlich aber dergleichen Banquiers dem Negotio sind, desto schädlicher sind die heutiges Tages schier in allen Landen sich eingeschlichene und festgesetzte Blut-Igels und Pseudo-Banquieri als offenbare Feinde des Geld-Negotii, welche zwar auch gerne den reizenden Titul eines Banquiers auf denen Briefen hätten und das fünfte Rad am Wagen abgeben wollen, in der That aber solche Kreaturen sind, als der Character eines Empirici bei verständigen Medicis und ein Pfuscher bei denen Handwerkern involviret und dahero billig zu verabscheuen sind: von Niemanden aber besser als von denen Engländern abgeschildert und höchst billig verfolget werden, welche auf den höchsten Gipfel gestiegene, glückselige, kluge und verschmitzte Negotianten nur einerley Meynung hegen, Conferatur die Leidner Zeitung de Anno 1746 Nr. 36 sub Suite des Nouvelles de Londres du 26 et 29 avril almo es heißt:

„aujourd' hui 29^me les Chambres ont lu pour la première fois le Bil pour empécher l'infame Pratique des Agioteurs."

Hier wird das Kind bey seinem rechten Namen genannt. Wollte Gott! daß bey unsern teutschen Parlament zu Regensburg ein solches Bil pour empécher l'infame Pratique des Kippers und Wippers ebenermaßen seinen Endzweck erreichen und die Verbrecher solcher heilsamen Reichs-Gesetze nach aller Schärfe aufgesuchet und zu gebührender Strafe gezogen werden möchten; Galgen und Rab fürchten sie nicht, weilen hierinnen die härtesten Kriminalisten zu barmherzig erkennen; die Konfiskation des Vermögens aber dürfte dergleichen unbändig Übertreter am allererstn bändigen, wenn nur hie und da wieder einige Exempel statuiret würden. Die vor einigen Jahren durchs ganze Römische Reich erfolgte Devalvation deren Gold- und Silbermünzen, hatte die herrlichste und beste Absicht, der innere Werth wurde durch verständige Münz-Wardeins auf das genaueste probiret und auf einen soliden Fuß gesetzet und das ganze Reich würde nach einmal verschmerzten Verlust gewiß und wahrhaftig soulagirt geblieben seyn, wenn nicht die Kipper und Wipper, wie nicht weniger auch unsere teutsche Agioteurs Tag und Nacht daran gearbeitet, wie sie das Geld entweder durch Hinwegschaffung desselben aus dem Lande oder durch den Schmelz-Tiegel unsichtbar machen möchten.

Dannenhero kein Wunder ist, daß in dem Münz-Mandat benannte Gold-Spezies, als französische Louis d'or, span. Dupplonen, Dukaten, Karl- und Max d'or immer angenehmer und rarer werden, und nebst denen halben Gulden beynahe wiederum ihren ehemaligen Kurs erreichet haben. Die Städte Augsburg Leipzig, Nürnberg und Frankfurt haben an solche Kipperey den größten Anteil und Vorwurf, wovon ihre eigenen Courszettel selbst Zeugnis geben und weltkundig ist, wie besonders die letztere eigenen Gefallens mit dem Agio derer Gelder schaltet und waltet und jetzo ganz neuerlich zwischen denen alten und neuen albus, propria autoritate und ohne des gesammten Reiches Gutachten einen besonderen und noch nie erhörten agio stipuliret hat."

dem Fürsten Taxis, sowie das Boten- und Fuhrwesen, die Güterbeständerei und Speditionsordnungen, die spezielle Einrichtung der Krahnen und der Lagerhäuser, die Funktionen der herrschaftlichen Bedienten und Beamten in solchen Kommerzialsachen, hinsichtlich der Flußbauten, Reparaturen (Leinritte, Wehre ꝛc.) u..s..w. müssen wir hier übergehen, da deren Darstellung nicht in unserem Plane gelegen ist.

Ebenso haben wir die speziellen auf Herstellung neuer und Verbesserung bestehender Landstraßen gerichteten Bestrebungen und die daran sich knüpfenden Verhandlungen mit anderen Ständen, die ganze Landesverkehrsstraßenpolitik, soweit sie nicht mit einer Handelsgerechtsamen und der allgemeinen Handelspolitik in Beziehung steht, also den gesamten technischen Teil des Straßenwesens aus dieser Darstellung ausgeschieden.[1]) Gleiches gilt von der Industriepolitik, mit deren Darstellung einige Mitteilungen über die gesamte Landesproduktion und den Handel mit Landesprodukten zu verbinden sein würden.

Auch eine ausführliche Darstellung der auf die einzelnen Handelszweige bezüglichen Politik würde uns zu sehr in die Breite führen. Die hauptsächlich in Betracht kommenden Gegenstände sind:

Das herrschaftliche Salzregal in Kissingen und der Salzhandel überhaupt, der Tuchhandel mit der polizeilichen Tuchbeschau und Siegelung, das herrschaftliche Tabaksmonopol, das an zwei Würzburger Pächter (Venino und Hartmann) in Bestand gegeben war, und sich auf das ganze Land erstreckte (Hofkammerprotokoll 1754); der Holzhandel im Zusammenhang mit den ausgedehnten herrschaftlichen Forsten, das Floßwesen, die Ausfuhrpolitik hinsichtlich des Holzes, die Absatzgebiete desselben, der Pulverhandel, der Weinhandel, der bedeutende Viehhandel, die Ordnung und Förderung des Marktwesens, endlich der Getreidehandel und alles, was hierauf Bezug hat.[2])

---

1) Auch in dieser Beziehung wirkte die mehrfach citierte Verordnung vom Jahre 1737 anregend. In dem bis jetzt behandelten Zeitraum spielt besonders das Projekt einer Chaussee von der Donau- (Günzburg) nach dem Maine eine große Rolle.

2) Der Getreidehandel war natürlich bei einem Lande wie Franken von der größten Wichtigkeit und ist dieser Handelszweig fortwährend Gegenstand einer regen und sicherlich allzuregen Regierungsthätigkeit um so mehr, als das „herrschaftliche Fruchtwesen" des Hofes selbst sehr bedeutend war und ein eigenes „Futteramt" und zahlreiche „Fruchtmesser" beschäftigte.

Die wichtigsten Maßregeln waren die Notstandsmaßregeln, mit welchem Begriff jedoch häufig auch andere handelspolitische Anordnungen und Praktiken gedeckt wurden.

In Zeiten der Getreidenot war nämlich das Fürstentum Würzburg ein gesuchter Zufluchtsort, aber nicht immer sehr zugänglich gegen solche von der Not

Das sind die Anläufe, welche bis etwa zum Regierungsantritt Adam Friedrichs (1755) im Hochstift Würzburg gemacht wurden, um nach allen Richtungen die vielen Hindernisse einzuengen, mit denen der Handel zu kämpfen hatte. Schon Friedrich Karl hatte große Pläne.

„Würzburg, Kitzingen, und ebenso Haßfurt von Sachsen her sollen Hauptkommerzialorte werden" — so schreibt der Fürst — „was leicht geschehen kann, weil in Kitzingen der Fluß von Nürnberg her anfanget, Würzburg aber in meditullio des großen mit Grafen, Prälaten, Geistlichkeit und Adeligen reich besetzten Landes liegt, welche alle leichter hierher als weiterhin gehen werden, wenn sie die Waren mit Billigkeit finden, — es gehört aber ohnermüdlich Sorg und beständiger Betrieb dazu, sonderlich aber ist der von uns resolvierte ernstlich zu exequieren".

Diese großen Pläne wurden zwar nicht voll und ganz erreicht. Thatsache ist aber, daß der Speditionshandel von Kitzingen und auch der Eigenhandel dieser Stadt einen bedeutenden Aufschwung nahm, daß Kitzingen seit jener Zeit nicht mehr aufgehört hat eine Rolle im

---

eingegebene handelspolitische Freundschaften. Im Würzburgischen wurde in solchen Zeiten der „Fruchtnotburffteuerung" die Fruchtsperre verhängt, und in solchen Zeiten wurde dann auf die Ausfuhr von Getreide scharf gefahndet, namentlich auch die Wasser-Zöllner genau instruiert kein Getreide ohne Paß und Attestat passieren zu lassen und während dieser Zeit auch nachts im Dienste zu sein.

Daß solche Fruchtsperren eigentlich von Reichswegen verboten waren, darum kümmerte man sich nicht. Der Kreiskonvent stellte lediglich das Ersuchen an Würzburg, die Sperre z. B. gegen Wertheim oder Schweinfurt wieder aufzuheben (1756). Bei besonders großer Not im eigenen Lande wurden Preistaxen für Getreide verordnet, Meß-, Wage- und andern Gebühren und namentlich alle Zölle für eingeführtes Getreide erlassen und auch einmal alles Getreide „von solchen Ständen, vor denen man sich nicht zu fürchten brauche", und welches das Territorium passierte angehalten und den eigenen Unterthanen zum Verkaufe angeboten. Von herrschaftswegen wurde durch einige bevorzugte Schiffsbesitzer und Kaufleute (Öhninger in Würzburg. z. B.) auch direkt Getreide aus den Niederlanden importirt. Diese Einfuhr war aber dadurch erschwert, daß die Schiffer im Mainzischen gezwungen waren, ihre Frucht feil zu halten und um 1 fl. oder öfter noch wohlfeiler unter dem dortigen Preis zu verkaufen. Die diplomatische Intervention kam in solchen Fällen meist zu spät. — In solchen Zeiten blühte namentlich auch der Wucher und der Unterschleif. Freipässe bei Fruchtsperren wurden nur ausgestellt, wenn nachgewiesen wurde, daß das Getreide im eigenen Lande nicht mehr angebracht werden konnte. Man verschaffte sich aber ausländische Pässe namentlich von Onolzbachischen Beamten, und auf diese Weise konnte man doch Getreide außer Landes verfahren wenn der Ankauf unbemerkt blieb. Zu bemerken ist übrigens noch, daß die Gerste damals nicht bloß zur Bierbrauerei sondern auch zum Brodbacken sehr viel verwendet wurde.

fränkischen und später im bayerischen Handel zu spielen.[1]) Ebenso rasch kam der Handel der Stadt Würzburg empor.[2])

Bei anderen Städten des Hochstifts, wie z. B. Haßfurt, machte sich viel weniger eine hervorragende Entwickelung bemerkbar.

Die Gründe, warum das Ziel im ersten Anlauf nicht ganz erreicht wurde, sind vor allem darin zu suchen, daß „das Resolvierte nicht ernstlich exequiert wurde" — um die Worte des Fürsten zu gebrauchen — und daß man sich von dem Hergebrachten nicht loszumachen vermochte.

Insbesondere mußte der Umstand zu Mißerfolgen führen, daß die Handelspolitik immer noch oft eine gewaltthätige war, indem man es versäumte, stets das Einverständnis mit den anderen Ständen zu suchen.[3]) Man arbeitete — modern ausgedrückt — mit „autonomem

---

[1] Die Bestrebungen Friedrich Karls wurden auch in der zeitgenössischen Litteratur anerkannt. So schreibt Ludovici in seiner Handelsencyklopädie:

„Kitzingen ist eine artige und nahrhafte Stadt in Franken und nach Würzburg die wichtigste und größte Stadt in dem Hochstifte desselben Namens. Man zählt darin gegen 4000 Seelen. Fürstbischof Friedrich Karl aus dem gräfl. Schönbornschen Hause bestimmte Kitzingen 1740 und 42 wegen seiner schicklichen Lage zur Lager- und Handelsstadt, errichtete ein geräumiges Lagerhaus, eine Frachtwaage. Ebenderselbe Fürst gab für die nach und von Kitzingen gehenden Niederlagsgüter alle möglichen Zollerleichterungen, befreite alle in dem Lagerhaus niedergelegten Güter vom Lagergeld und so auch von Krahn-, Waage-, Arbeits- oder Aufläbergebühren."

[2] So heißt es in einem Straßenbaukommissionsprotokoll v. J. 1751, als es sich um den Wettbewerb der Städte Wertheim und Würzburg beim kaiserlichen Hofe hinsichtlich der Einleitung der Chaussee von Günzburg nach dem Maine handelte, in Wertheim sei zwar Schiffahrt aber kein Lagerhaus, seien keine Faktors und Großkaufleute, dagegen in Würzburg ein Niederlagshaus, viele Kaufleute und Faktors, sowie auch genug eigener „Landesverschleiß". Würzburg habe regelmäßige Schifffahrt mit Holland, das „ganze Sommerz" in das hessische und sächsische Land, Würzburg sei ein Haupthandelsplatz am Maine.

[3] Charakteristisch hiefür, sowie für den mangelhaften Vollzug der Verordnungen und für die Erfolglosigkeit eines einseitigen Vorgehens sind folgende Worte, welche der gealterte Fürst Friedrich Karl mit zitternder Hand an den Rand eines Kommerzienkommissionsprotokolles schrieb:

„Namentlich in jetzigen Zeiten sollte dem publico nichts angelegentlicher sein, als Handel zu treiben, zu vermehren und zu behaupten, wobei man Rücksicht auf das innere und äußere Handelsgewerbe zu nehmen hat. Das Zollwesen hat demgemäß freilich auch hierfür seine Bedeutung, allein man muß dasselbe stets mit den nachbarlichen Maßregeln zusammen betrachten, sonst würde man lediglich verlieren was andere gewinnen und dem Handel nichts geholfen sein. Was würde es in toto helfen, wenn dahier allein der Zoll nachgelassen und anderweitig doch bezahlt werden muß. Das sind lauter glaucomata von unseren hiesigen Kaufleuten, welche, wenn sie fleißig im Spediren und im Beibringen und Vertauschen sind und von hier Waaren auszuführen beflissen sind, und wenn man sorgen wird die

Tarif", und erſt der weiſen Verwaltungsthätigkeit Adam Friedrichs war es vorbehalten zur „vertragsmäßigen Handelspolitik" überzugehen. Es mag bei dieſem Ergebniſſe die etwas herriſche Natur Friedrich Karls einerſeits, das konziliante, weltmänniſche Weſen Adam Friedrichs anderſeits einigermaßen mitgewirkt haben, während die Fürſten Anſelm Franz und Karl Philipp in ihren ganz kurzen Regierungszeiten die von Friedrich Karl vorgezeichneten Bahnen im weſentlichen nicht ver= ließen.

Den Intereſſenten ſowohl wie der Regierung kam der Erfolg, die erſehnte Handelsblüte nicht raſch genug.

Viele Kaufleute waren unzufrieden, weil nicht energiſch, d. h. gewaltthätig gegen das konkurierende und von der Natur begünſtigte Steft vorgegangen wurde. Die „ordinare" Schiffahrt wurde auch nicht von allen Kaufleuten gleichmäßig vorteilhaft empfunden. Kauf= leute, welche die 3 fränkiſchen Meſſen Mainz, Frankfurt und Bamberg nach einander beſuchten, beklagten ſich vielmehr, daß die Schiffer nicht mehr nach ihrem Belieben fahren durften und erklärten, daß ſie künf= tig zu Land durch das Hanauiſche und Fuldiſche Gebiet nach Bamberg fahren würden.

Ganz unzufrieden mit den Ergebniſſen zeigte ſich gelegentlich die fiskaliſche Hofkammer. Dieſelbe klagt, ſie habe ſich durch die Erbauung des Kaufhauſes und des Krahnens ſowie durch die $1/3$ Zollvergünſtigung in die größten Unkoſten geſtürzt, beſchwert ſich über der Munizipalſtadt Kitzingen Stolz und Übermut, die alles zu ihrem Privatvorteil aufs äußerſte treibe und der Hofkammer nur Schaden und Nachteil bringe. Von dem noch fiskaliſcheren Zollamt wurde in einer Denkſchrift nach= gewieſen, daß der $1/3$ Zollnachlaß, das große Lagerhaus, Krahnen und Wage gar keinen Effekt bezüglich der „Ergiebigkeit" der Kommerzien er= zielt hätten. Auch der $1/4$ Zollnachlaß ſei illuſoriſch und lediglich eine

ohnnötige Aufhaltung an den Zöllen in eine gute Beförderung zu ſetzen, alsdann ſich ſchon zeigen wird, ob und wie die Handelsſachen, welche ſich unter der Hand doch gebeſſert haben, weiter aufzuhelfen ſeien. Hiezu aber gehört mehrerer und unabläſſiger Ernſt und will Ich mich nach dieſen Handels-principiis ad singula auch jederzeit erklären, denn nachdem ich die Regula vorausgeſetzt habe, alſo werden erſtlich quaestiones zu ſtellen und zu jeder Frag deutliche Antwort zu geben, ſchließlich alles in Exekution zu ſtellen ſein." Der Fürſt erinnert dann an das, was er bisher ſchon angeordnet, er habe vor Jahren befohlen ein allgemeines Zollquart und ein Tertium ſeinen eigenen Unterthanen nachzulaſſen, und müſſe doch in Folge der Unzuverläſſigkeit der Zollbeamten das Widerſpiel erleben, er habe ferner befohlen, die Zollaccidentia einzuziehen und es ſei noch nicht ge= ſchehen, er habe befohlen tüchtige Leute im Zollweſen anzuſtellen und doch gebe es noch passim untüchtige. Der Fürſt ſchließt ſein Kommerzialrezept mit den lateiniſchen Worten: „Repetantur sive respiciantur solidae et novae regulae aut poriciantur priora."

Schmälerung des Fiskus, weil die betreffenden Kaufleute im Bambergischen genau um so viel mehr Zoll zahlen müßten, als sie im Würzburgischen nachgelassen erhielten. Das ganze System sei ein System von Unterschleif, Begünstigung und häßlicher Denunziation. Der Fiskus habe von der Förderung des Kitzinger Handels nur Schaden; wenn ein Kaufmann für 40 Ztr. Gut von Freudenberg bis Kitzingen auf dem Maine 5 fl. 1 Batzen und 25 Pf. zahlte, weil er die ⅓ Zollwohlthat genieße, so bedeute dies einen Ausfall von 2 fl. 36 kr. und 22 Pf. für den Fiskus, denn um so viel würde der Kaufmann an den Zöllen von Freudenberg bis Karlstadt mehr zahlen, wenn er nach Steft oder Breit fahren und dabei nicht die Zollvergünstigung genießen würde. Der Staat bringe also — abgesehen von den großen Aufwänden zur Erbauung des Niederlagshauses ꝛc. in Kitzingen — ein großes fortwährendes Opfer zu Gunsten einiger Kaufleute. Man habe sich eine Verzinsung und Entschädigung erwartet durch einen blühenden Handel in Kitzingen, allein ein solcher sei durch Einrichtungen und Reglements allein nicht zu schaffen, es seien da die natürlichen Vorzüge entscheidend, und diese besäßen entschieden Breit und Steft.

Thatsächlich hatten alle die Städte am Maine durch die handelspolitische Reformbewegung gewonnen und konnten recht gut nebeneinander bestehen, wenn auch die direkt Interessierten bei den einzelnen Maßnahmen oft ein großes Geschrei erhoben und ihren „Ruin" ansagten. Der allgemeine Gang der Entwickelung war ein fortschrittlicher, denn wir müssen in unserem Urteil relativ sein und uns fragen, was konnte unter den gegebenen Verhältnissen, namentlich auch im Hinblick auf die politischen Zustände in Franken in diesen offenen kleineren Territorien durch eine von dem Geiste der Wohlfahrts- und Polizeistaatslehre durchdrungene Politik erreicht werden.

Dazu kommt, daß mit dem Wiedererwachen des kommerziellen Geistes im 18. Jahrhundert alsbald — wie in großen Staaten im großen, so hier im kleinen — eine Gegenbewegung sich geltend machte und eine wirtschafts-politische Partei sich abzweigte, daß weitere Kreise dem Satze von dem alleinseligmachenden Handel sich skeptisch gegenüber stellten und die „Seele des Staats" nicht bloß im Kommercium sondern vor allem in der Industrie und der eigenen Produktion erblickten.

Friedrich Karl selbst hatte bereits mit seinen auf merkantilistischen Ideen begründeten Anschauungen dieser neuen Richtung Vorschub geleistet.

Er unterschied mit besonderer Vorliebe zwischen äußerer und innerlicher Handlung und hielt diese Unterscheidung für sehr wichtig; das innerliche Commerce habe die Aufgabe, die innerlichen Waren zur Ausführung zu bringen, und dieser Zweig des Handels sei besonders wichtig.

Zu den schon frühzeitig verlangten Reformen auf dem Gebiete des Gewerbes, die nach seiner Ansicht in enger Verbindung mit dem Kommerzialwesen stehen sollten, machte er folgende Bemerkungen:

„Die Hauptbeförderung des Handels und Wandels für ein Land hat darin zu bestehen, daß dessen Notdurft in dem Lande erzielet, folgsam das Geld zu Hause gehalten und circulirt werde, von den Handwerkern aber die Waren hinausgeschickt, also Geld in das Land gebracht werde, des Landes Glückseligkeit in seine Produktion wohl und sorgsam gesetzet, diese aber vielfältig und nützlich an den Mann gebracht werde, womit das quid und das quomodo genau muß eingesehen und fleißig befördert werden, um dem Landmann seines Teils Arbeit und Nahrung zu geben. Man muß ferner mittelst des Zucht- und Arbeitshauses vorgehen und an Tuch, Zeug, Strümpfen, Decken 2c. das Land versehen, ebenso das Leinenhandwerk fördern und einheimischen Landflachs selbst nutzen und genießen. Korn-, Vieh-, Pferdemärkte bestens besorgen, durch Salz, Glas, Papier, Schleif-, Walk- und Stampfmühlen item durch Holz und Medizinalwasser, durch Färbereien, Hut-, Lack-, Sattler- und Wollensachen, durch Spezereien und Holzhandel das Geld zirkulieren machen, für Fuhr- und Handarbeit Nahrung schaffen, zu welchem Ziel und Ende eine sorgsame und ohnabläßige Überlegung vonnöten ist."

Wie der Fürst, so dachte bald eine ganze, nicht unbedeutende wirtschaftspolitische Partei im Lande. Wie sich diese Ideen, die fränkische Industrie und die darauf gerichtete Politik im 18. Jahrhundert entwickelten, das wird vielleicht in einem speziellen Teile zur Darstellung gelangen.

Oberwasser erhielt die industrielle Strömung erst unter Franz Ludwig von Erthals Regierung, während der zunächstfolgende Fürst Adam Friedrich von Seinsheim eine ganz besondere Vorliebe für das Kommerzien- und Verkehrswesen hatte.

Die Industrie ließ sich eben schwerer aus dem Boden stampfen, als die Handelsinteressen pflegen, hinsichtlich deren es sich nur darum handelte, das Gegebene weiter zu bilden. Darum blieb zunächst der kommerzielle Gesichtspunkt, die Handelspolitik im Vordergrund des allgemeinen Interesses.

Für die weitere Entwickelung der fränkischen Handelspolitik wurde aber der westliche Nachbar Kurmainz nunmehr von größter Bedeutung und spielt in noch viel höherem Grade als früher das ansbachische Steft die Rolle des wichtigsten Fermentes.